新时代城乡社区治理法治化建设研究

李小博　著

学苑出版社

图书在版编目（CIP）数据

新时代城乡社区治理法治化建设研究 / 李小博著
. — 北京：学苑出版社，2023.9
ISBN 978-7-5077-6753-7

Ⅰ．①新… Ⅱ．①李… Ⅲ．①社区管理—社会主义法
制—研究—中国 Ⅳ．① D920.0

中国国家版本馆 CIP 数据核字（2023）第 174933 号

责任编辑： 乔素娟
出版发行： 学苑出版社
社　　址： 北京市丰台区南方庄 2 号院 1 号楼
邮政编码： 100079
网　　址： www.book001.com
电子邮箱： xueyuanpress@163.com
联系电话： 010-67601101（销售部）、010-67603091（总编室）
印 刷 厂： 河北赛文印刷有限公司
开本尺寸： 710 mm × 1000 mm　1 / 16
印　　张： 11.5
字　　数： 230 千字
版　　次： 2024 年 1 月第 1 版
印　　次： 2024 年 1 月第 1 次印刷
定　　价： 60.00 元

作者简介

　　李小博，女，1981年出生，河南临颍人，法学硕士，中共河南省委党校省直分校副教授，长期在党校从事教学和科研工作，研究方向为法学与社会治理，发表论文40多篇，主持多项省级和厅级课题。

前　言

城乡社区是不同社会群体的集聚地，是多重社会关系的交织域、社会组织的落脚点以及社会资源的承载体，是社会的基本单元，也是基层治理的基础平台。在新时代，社区治理涌现出新情况、新问题，呈现多样化和复杂化特点，这要求基层社区工作要不断进行创新。法治化是推进社区治理现代化的一个重要着力点，其关键在于用法治精神与法律制度影响和规范社区治理行为与模式。本书基于社区治理、社区治理体制以及城乡社区治理法治化的相关理论，重点分析了新时代城乡社区治理法治化存在的问题与建设路径，以期为社区治理法治化提供参考。

本书以"城乡社区治理"为出发点，聚焦"新时代城乡社区治理法治化建设"这一主题，在对社区治理及其体制进行详细论述的基础上，重点探讨了新时代城乡社区治理法治化的基础理论、建设现状及路径，从不同的方面对新时代城乡社区治理法治化建设过程中发现的问题和对策进行了论述。全书视角新颖，内容丰富详尽，结构逻辑清晰，客观实用，希望本书的出版能够帮助城乡基层干部妥善解决城市发展过程中产生的各类城乡社区治理问题，为新时代城乡社区治理法治化建设提供参考和借鉴，从而使新时代城乡社区治理体制更加成熟和完善。

为了确保研究内容的丰富性和多样性，在写作过程中笔者参考了大量理论与研究文献，在此向涉及的专家学者表示衷心的感谢。

最后，限于笔者水平，本书难免存在一些不足之处，在此，恳请同行专家和读者朋友批评指正！

李小博

2023 年 6 月

目　录

第一章 绪论

建设社会主义法治国家，离不开基层法治的全面建设。党的十九大报告指出："加强社区治理体系建设，推动社会治理重心向基层下移，发挥社会组织作用，实现政府治理和社会调节、居民自治良性互动。"这一重要战略部署，就是要推动社会治理重心向基层移动。党的二十大报告指出："加快推进市域社会治理现代化，提高市域社会治理能力。强化社会治安整体防控，推进扫黑除恶常态化，依法严惩群众反映强烈的各类违法犯罪活动。"关注社区治理，深入研究社区治理法治化的相关理论和制度，对推动社区治理和社会治理具有重要意义。

第一节 研究背景

自我国实施依法治国基本战略方针以来，法治建设成就显著，具有中国特色的社会主义法律规范体系已基本确立，但由于我国法治建设起步较晚，且受到经济基础、文化传统等因素的影响，我国的法治建设还不尽完善，仍有相当长的一段路要走。

建设社会主义法治国家，离不开基层法治的全面建设。而在现代社会中，社区是社会的基本单位，推进全面法治就必须将法治工作落实到每一个社区，即推进社区治理法治化是实现全面依法治国、推进社会主义法治建设的根本所在。然而当下我国社区治理的制度不够完善，社会对社区治理法治化的重视程度不足，对社区治理法治化研究的深度和广度亦不够，造成我国社区治理法治化在总体上建设程度较低。因此，重视社区治理法治化的推进，深化社区治理法治化的相关理论、制度的研究对推动社区治理法治化的完善具有重要意义。

改革开放40多年以来，中国特色社会主义市场经济飞速发展，社区法治建设也取得了不俗的成就。如1989年颁布实施的《中华人民共和国城市居民委员会组织法》（下简称《城市居民委员会组织法》），从制度层面正式对居民自治

1

做出了相关规定，极大促进了我国城市社区治理的进一步发展。但改革开放同时也给社区的法治化治理带来了一些挑战，具体表现在以下两个方面。

首先，我国的社会经济结构发生了变化。一方面，计划经济到市场经济的转变促使国有单位体制转换，一些原国企人员不得不离开单位，由"单位人"转变为"社会人"。而从前由国企承担的一系列社会、行政职能被剥离，改由政府和社会管理。另一方面，随着城市化进程的推进，大量的农村人口进城务工，形成庞大的流动群体。总而言之，大量的城市人口带来了一些社会问题，给社会治理和法治建设的发展增加了难度。其次，在计划经济体制下，我国实行自上而下的社会管理模式，基层自治组织自主性不足，制约了居民自治活动的开展。

以上问题给我国社区治理法治化带来不少掣肘，而随着我国社会制度改革和社会主义法治建设稳步推进，社区在社会治理中所处的地位越发重要，推动社区治理法治化建设，已成为与居民、国家息息相关的事业。

第二节　研究目的与研究意义

一、研究目的

党的十八届四中全会指出，全面推进依法治国，基础在基层，工作重点也在基层。在基层推进法治建设是推进法治国家建设、实现国家治理体系和治理能力现代化的必要基础。目前，基层社会治理面临着诸多矛盾，城乡基层社会治理日趋复杂，基层社会治理法治化的目标不够明确、路径欠缺等影响着基层治理法治化水平。法治作为国家治理的基本方式，既是基层社会治理的最有效手段，也是稳定基层社会正常运行的可靠工具，把基层矛盾化解纳入法治轨道是必然要求，因此要明确基层社会治理法治化的目标，提出法治化完善路径，实现基层治理法治化。

基层社区作为基层治理的重点场所，也应全面推进治理的法治化进程。随着改革开放的推进，我国以"管理"为主的传统社区管理模式逐步转变为以"治理"为主的新型社区治理模式，由政府主导管理向多元主体合作共同治理转变，逐渐实现了社区治理的转型。但随着治理重心的转移，传统的社区治理机制已经不能适应时代的需要。在社会发展新态势下，在推进新型社区治理模式的过程中，回应法治化的时代诉求，实现社区治理法治化变得尤为重要。

针对上述发展状况，本书着重通过对城乡社区治理相关理论的分析阐述，剖析社区治理体制，探讨新时代城乡社区治理法治化的基础理论与现状，进而归纳总结出新时代城乡社区治理法治化的建设路径。

二、研究意义

（一）理论意义

党的十九大、二十大多次针对全面推进依法治国提出各种指导和要求，如何更好更快地推进依法治国的进程，是维护国家长治久安，用法治保障社会稳定、经济发展和人民权利的关键问题。社区治理法治化作为全面推进依法治国的重要组成部分，在法治体系中处于基础性的地位，通过对社区治理法治化的探索研究，能充实依法治国的理论、实践体系，从而加快推进全面依法治国的进程。

社区法治的建设首先需要法律的保障，健全的社区法律法规体系是实现社区治理法治化的理论依据和基础。因此，结合我国法治中国的时代背景和依法治国的国家战略，探索完善社区治理法治化的法理基础和实施路径就成了应有之义。本书通过对新时代城乡社区的调研，首先对社区治理法治化过程中出现的各种问题进行梳理；其次在发现问题的基础上，立足于国内外法治理论和实践，探究我国社区治理法治化问题的成因；最后从理论和实践角度为我国社区治理法治化提出相应的对策，以求丰富社区治理法治化理论，推动社区治理法治化进程。

（二）实践意义

法治建设是国家大力推进的基本战略，推进社区治理法治化建设，在当下科学治理的大环境下意义重大。随着治理理念的转变，我国的治理模式开始由传统的"家长制"治理模式过渡为服务型治理模式，在此过程中，亟须在实践层面积累更多的转型经验。因此，社区作为国家治理的基本单位，需要及时做出更多转变治理模式的尝试，在不断改革法治化治理模式的过程中，为依法治国的理论和实践体系添砖加瓦。

1. 能够化解社区治理难题

党的十九大以来，习近平总书记提出了一系列有关法治的新思想、新论断，明确把"法治国家、法治政府、法治社会基本建成"确立为社会主义建设的重要目标。社区建设是社会建设与国家建设的基石，法治国家与法治社会的建成需要以社区法治化为支撑。推进社区治理法治化是破解社区治理难题的有效方法。我国正处于转型时期，各种矛盾相互交错，这给社区治理带来了种种挑战。

社区居民的诉求增多，且诉求和满足存在一定差距；社会组织形态多样化，对其进行全面监管较为困难。针对上述问题目前仍没有明确有效的解决方案，从具有国家强制力的法律层面入手，推进社区治理法治化，有利于解决社区治理难题。

2. 能够激发居民自治制度的活力

居民自治制度是我国的基本政治制度之一，是中国特色社会主义道路中不断迸发力量的活跃点。我国城乡社区居民自治制度经历了一段漫长的发展历程，至今已取得一定的成绩，特别在当下社区基础设施建设已基本满足居民的日常生活需求的情况下，多数社区业已建立与本社区经济、政治、文化相匹配的社区管理体制，城乡社区居民自治制度建设有了很大程度的发展。但是，随着我国社会的迅速发展，经济、文化水平的不断提高，人民日益增长的各种需求使得城乡社区居民自治过程中出现的问题越发多样。例如，如何保障基层群众自治制度的优越性得以充分发挥；基层自治主体的主体地位如何界定；如何制定配套并行之有效的基层法制体系以满足基层法治的要求；如何保障社区居民的选举权等基本权利；如何更有效地进行民间调解；如何调动公民参与社区治理的积极性，更好地激活居民自治制度等。凡此种种，无不需要大力推进基层立法、建立基层治理和法制体系，加强社区治理法治化建设，才能使基层民众更好地参与到自身的事务管理中去，更好地强化基层治理工作。

3. 能够弥补刑罚执行的短板

法学理论和人权观念的发展使刑罚执行的理念在世界范围内发生了转变，特别是近年来随着对恢复性司法理念研究的深入，国内学者逐渐认识到单一的监禁刑罚并不能充分发挥刑罚的功能，对犯罪人员的教育、矫正同样是刑罚不可或缺的组成部分，是实现刑罚目的的重要内容。社区矫正就是这一理念的实践成果，而社区作为对犯罪人员进行社区矫正的场所，其法治化治理水平对于矫正效果影响甚大。现阶段我国社区矫正制度正逐步完善，但仍存在诸如社区矫正执行主体地位不明确、社区矫正队伍水平低、社区矫正执行方式单一、社区矫正效果不足等问题。这些问题的解决离不开社区治理法治化的发展，只有加强社区治理法治化建设，才能逐步完善社区矫正制度，从而发挥出社区矫正制度的作用，弥补"硬刑罚"功能上的不足，取得更好的刑罚效果。

4. 能够强化公民的法治意识

社区治理法治化的建设离不开社区居民的支持，反过来，社区居民法治意识的增强能更好地提高社区治理法治化建设的水平。眼下我国社区治理法治化建设的水平逐步提升，但制约建设效率的最大因素之一就是社区居民的法治意识提升缓慢。我国社会的法治水平仍需提高，司法的公信力和正义的形象有待进一步加强，虽然近年来随着政治和司法层面的整顿和改革，司法权威、司法公信力逐步回升，但是人们的法治意识和水平仍需提高。这种状况就导致了当前一些司法工作开展得并不顺利，因而制约了我国法治的发展。在社区中，这种法治意识低的现状体现得较为明显，如社区居民对自身权利的保护意识和能力差、对司法工作配合不到位甚至拒绝配合、对法律常识和知识的缺乏等。公民法治意识的强弱和社区治理法治化直接相关。加强法制宣传，推进社区治理法治化，能够更好地强化公民法治意识，从而不断加深法治化治理和全面依法治国的程度。

第三节　国内外研究现状

本书的研究对象为新时代背景下的城乡社区治理法治化，故对国内有关基层治理、社区治理及社区治理法治化的相关研究做出了综述，简单探究了现阶段的研究成果及研究方向。对国外研究现状的探究主要集中在公民治理、社区治理等相关方面。

一、国内研究现状

（一）基层治理研究

我国基层治理的相关研究阶段划分较为清晰，在 2007 年发表的一篇论文中为"基层治理"下了定义，即基层治理指的是建立地方政府、社区、社团组织等多方主体和居民之间合作共赢的良好秩序，有效的基层治理需要具备民主和有效的治理网络，需要具备高效便捷的公共服务，其属于对基层治理的初期研究。

在之后的几年里，研究者开始重视基层治理研究，尤其是在城乡统筹方面。这一阶段的研究在理论研究和个案分析上都有较大突破，研究领域涉及基层治理的各个方面，包括基层治理的监督机制、治理手段、与基层政府的互动路径等。例如，马珂在 2011 年选取成都市周边农村村落为研究调查对象，并选取其中具有代表性的村落进行抽样调查，在《城乡统筹背景下的基层民主治理：基于成都市的调查》一文中基于个案分析探寻了基层治理的监督机制。王迪在《城市基层社会的数字化治理》一文中完善了理论构想，创新了基层治理的数字化治理模式。

从 2013 年开始，基层治理的研究成果由个案经验的总结开始向系统性的理论研究转变，如孙柏瑛在《开放性、社会建构与基层政府社会治理创新》中提出基层治理是社会治理的重点，是国家治理的基础，基层是国家政权与社会自治力量的交汇场所，国家权力要想在基层获得有效支持，必须在这个交汇场所中发挥自己的治理功能。龚维斌在《加强和创新基层社会治理》中提出基层社会治理区别于基层政府治理，基层社会治理具有自治性与社会性的双重性质，更加注重社会力量的作用，将社会力量作为治理主体，并且直接面向群众，是社会治理的单元，也是社会矛盾纠纷化解的源头。改革开放以来，社会变迁与制度变革使基层事务变得更加繁重复杂，人民利益诉求多元化，基层治理面临诸多挑战。夏周清在《基层社会治理存在的问题和解决思路》中提出基层各类矛盾纠纷日趋复杂，民生保障、公共服务等方面的问题不断涌现，传统的社会管理机制接近崩溃。陈跃、余练在《社会主要矛盾转化与基层社会治理创新探析》中提出基层社会治理过程中的法治理念不够深入，法治治理机制不完善。基层社会治理城乡有别，要合理把握城乡二者关系，形成良性互动。刘恒、徐武在《基层治理法治化与法律风险管理》中提到要做好城乡统筹工作，城市与农村共同落实，城乡社区治理协同发展。李皋在《基层治理七十年》中提到在城乡融合发展的大背景之下，要着力部署研究新时代城乡融合之下的治理问题。还有部分研究适应新时代变化，结合党建引领进行了更新研究，但研究成果多集中于对部分治理机制和细节规定进行探析，对于基层治理问题并未形成较为系统的理论分析。

（二）社区治理研究

全球治理委员会发布的研究报告圈定了治理的定义，明确了治理是各种公共、个人、机构管理共同事务的、诸多方式的集合。而对于社区治理的基本理念，我国许多学者持不同的看法。顾泽楠在《社区三治融合治理过程中自治、法治、德治的组合方式探究》中认为，社区是居民进行日常生活的基本场域，是一定地域内的集合，社区治理则是政府、组织、居民等多方主体通力协作、共同参与、同力构建的多方治理模式。郭祎在《社会管理创新的路径选择》一文中指出，社区治理是社区管辖区域内的基层党组织、政府、第三方机构依据法治化手段对涉及居民共同利益的公共事务进行管理的过程，此处的"法治化"不仅包括制度化的宪法、法律、法规，还包括非制度化的规范、公约、习惯等软法。其指出社区治理应采用协商谈判、协同行动等协调互动方式，如此才能增强居民凝聚力，推动社区发展进步。

在目前与社区治理有关的研究中，许多研究者立足多种视角，采用多种理论探究了社区治理的模式。如有学者创造性地提出单中心秩序和多中心秩序理论，认为在社区治理中应树立公共责任观念，推动社区内多中心要素发挥主动性，从而建立公共规则规制社区秩序，推动社区实现和谐治理。还有学者选取了自治和服务角度，设计了社区治理的新模式，主张发挥社区中介机构的主导作用，依托基层党组织建设，充分利用社区居委会的调控能力。目前的研究中，研究者的研究多集中于构建社区治理新模式、社区与基层政府的职权划分、社区治理的新手段等领域，且多数采用公共管理视角，从社区管理方面切入。

（三）社区治理法治化研究

通过搜索社区治理法治化文献发现，随着时代的进步和研究的深入，在社区治理研究中，社区治理法治化研究逐渐增多，研究成果也逐渐丰富。目前的社区治理法治化研究集中于阐释社区治理法治化的理念、分析社区治理法治化中存在的问题、探究社区治理法治化的路径等领域。大致可分为以下几个方面。

第一，在社区治理法治化的概念界定方面，一般来讲，社区是社会的最小一级单位，法治化社区建设是落实基层民主的必要准备。徐睿在《成都城乡社区治理法治化的实践及深化路径研究》中主张，社区治理法治化是指在社区治理过程中，社区的一切治理活动都需要在法律框架下进行，一切权力在法律规制下行使，从而建成法制化与规范化的社区治理模式。张蓓蓓、宋海峰在《新时代社区治理法治化建设的思考》中提出，在新时代，社区治理法治化的根本目标是实现善治，社区治理法治化的基本目标是化解社区纠纷，社区治理法治化的内在目标是在社区内形成规则意识。

第二，在社区治理法治化的治理困境方面，研究者均认为，虽然我国目前的社区治理法治化建设取得了一定的成就，也产生了一些可喜的治理效果，但仍达不到法治政府建设、国家治理体系与治理能力现代化对社区治理的需求，现行社区治理的法治化建设仍然存在不足。各研究者对问题的归纳侧重于社会组织发展参差不齐、社区居民法治参与意识不高、城市社区治理专项立法缺位等方面。如史云贵在《当前我国城市社区治理的现状、问题与若干思考》中提出，当前社区治理法治化进程中存在传统管理模式瓦解、缺乏沟通互动平台、缺乏社会组织参与、法律规范收效不够等问题，他认为当前各种社会组织发展良莠不齐，且社区居委会等组织长期依赖政府部门，不能在社区治理法治化上发挥其应有的力量。夏芸芸在《城市社区治理法治体系建构研究》中写道，在社区治理法治化上，社区治理专项立法缺位与社区自治规约效力匮乏并存，现行社区立法体系存在问题。

第三，在社区治理法治化的路径探究方面，研究者主要集中于完善相关法律法规、推进社区管理体制变革、培养社区居民和工作人员法治意识等方面，大致上通过构建外部制度环境、培养内部法治思维等方法来提升社区治理的法治化水平。如朱未易在《法治中国背景下地方法治建设的实践探索》一文中认为，实现社区治理法治化应推进国家顶层制度的构建，法治制度要包揽宪法和法律、行政法规和规章、重大政策部署、规范性文件等全局领域，最终构建系统性、全局性的区域法治制度。推进城市社区治理法治化需要居民的共同参与，在涉及公共利益、居民切身利益的重点领域，应由社区内居民共同参与、共同决定。此外，还有学者认为应进一步扩大治理参与的范围，号召居民广泛参与社区治理，培养居民的主人翁意识。在弘扬社会主义核心价值观的新时代，应将公民意识中传统的人治观念转化为现代法治观念，着重培养公民的法治意识。在实践中普及法律知识，加强普法宣传工作，将法治意识渗透进每个居民的心中。

第四，在新形势下对社区治理法治化的研究方面，在法治政府建设被提上日程后，对社区治理法治化的研究多引用习近平新时代中国特色社会主义思想进行论述，或采用调查样本、实践分析等方式对社区治理法治化进行研究。如张静在《全面依法治国背景下社区治理法治化研究》中结合依法治国背景对社区治理法治化问题进行了探究分析，论述了社区治理法治化与依法治国的联系，但未结合社区治理实践进行分析研究。胡业勋在《城市社区治理法治化的理论偏误及体系改进：以 C 市 Q 区的实践为分析样本》中，以 C 市 Q 区的治理实践为分析蓝本，探究了城市社区治理法治化的现状及改进方略，但其未深度结合新时代法治政府建设的背景。在目前的研究中，少有将法治政府建设与社区治理法治化的治理实践结合进行的研究，大部分仅针对法治政府建设或社区治理法治化进行个别分析。

二、国外研究现状

社区治理法治化理论的重点是"法治"，西方的法治研究成果颇丰，最早的"法治"概念由古希腊政治学家亚里士多德（Aristotle）提出。他认为在制定良好法律的基础上，要重视人民对法律的全部遵循，如果人民不能遵从法律，就难以实现最终的"法治"。其中包含两层含义：一是首先国家要制定符合实际的良性法律；二是法律要获得人民的认同。需要将法律内化于心，落实到日常生活中，强调实现法治要注重人民的认同，在日常生活中和基层中实现法治的作用。

社区治理在西方也有着深厚的理论积淀与丰富的实践图景。德国社会学家斐迪南·滕尼斯（Ferdinand Tonnies）在1887年出版的《社会和社区》中通过对"社区"和"社会"的比较分析，首次提出了社区的概念。美国学者弗兰克·法林顿（Frank Farrington）在其著作《社区发展》中提到工业时代由异质人口组成、价值差异很大的社区。美国社会学家欧文·桑德斯（Irwin Sanders）在《社区论》中将社区看作一个互动的发展体系，对社区属性及其发展过程、方式等开启了综合性研究。此后，美国芝加哥学派代表人物罗伯特·埃兹拉·帕克（Robert Ezra Park）、日本社会学家衡山宁夫以及美国社会学家戴维·C.菲利普斯（David C. Phillips）对"什么是社区"也均提出过自己的看法。国外关于社区问题的研究主要涉及社区组织研究、社区治理与建设研究、社区发展理论等诸多方面。

具体来讲，在基层治理中，学者以公民为中心对社会基层治理进行了研究，与基层治理概念相近的是美国学者理查德·C.博克斯（Richard C. Box）提出的"公民治理"模式。他在专著中写道，社区公民治理体系是指社区公民、社区代表与社区实务工作者三者之间的密切合作所组成的统一集合。

此外，一些国外学者强调，在治理过程中，需要加强公民与政府之间的合作，并发挥公民在社会治理中的主观能动性，提倡政府在保证合理决策的基础上扩大公民参与的权利，让社区治理更加高效。社区治理需要政府与社区相互配合开展工作，构建常态化治理过程，政府如果不能发挥社区作为治理主体具备的处理自身事务、提出解决方案的能力，只会形成笨拙的治理。不难看出，大多数国外学者研究都将公民权利置于社区治理的主导地位。

三、研究评述

通过文献综述不难发现，在基层治理研究中，研究者多集中于理论研究，侧重探究基层治理存在的价值、意义，集中于探讨基层治理的创新机制和治理手段，但并未形成系统性的理论构建。在社区治理的研究中，研究者多采取公共管理、行政管理视角进行研究，缺少法学视角对社区治理的综合分析，且多数研究仅针对社区治理的治理现状进行分析，主要局限于治理主体及治理路径的选择上，大多仅进行概括化的探析。在现有社区治理法治化的研究中，多数论文未结合法治政府建设的背景，仅单独谈到法治政府建设的推进及社区治理法治化的路径，少有将二者进行结合，在突出法治政府建设对社区治理法治化进行指导方面存在一定的欠缺，且结合当地特色或具体个案进行法治化路径探究的研究较少。

研究人员更注重社区公民在社区治理法治化过程中的参与，强调社区与政府的限权，主张居民主观能动性的发挥与社区组织力量的运用，强调构建社区、居民、社会组织一体的多方治理格局，以便在社区治理中发挥多方主体的作用。

第二章　社区治理概述

社区是现代社会生活的基本场所和聚落形态，是基层社会中政治生活、文化生活、公共生活的重要基础和起点。社区治理是社会管理体系中不可或缺的一部分，并且始终是我国社会发展与建设的重要内容之一。

第一节　社区与社区治理

一、社区

（一）社区概念

1.西方的"社区"概念解析

西方关于"社区"的讨论集中在社会学研究中，以美国芝加哥学派为代表，美国社会学家帕克（R. E. Park）等人开创的人类生态学被视为社区研究最为成熟与系统的理论体系。而在芝加哥学派之前，滕尼斯（F. Tonnies）等19世纪早期的社会学家同样有着对于社区的思考，他们的思想集中反映了对工业革命重塑的社会结构以及新的城市社会秩序的思考。

滕尼斯将"社区"定义为"共同体"，并将其与"社会"概念相对立。借鉴近代自然法与历史法的理论土壤，滕尼斯在《共同体与社会》一书的第一章便提出了"社区"与"社会"这对概念，并认为"社区"的本质是"真实的有机的生命"，"社会"则是"想象的与机械的构造"。显然，社区与社会有着截然不同的内涵，而彰显了"真实的有机的生命"的"社区"也明显更为滕尼斯所支持。滕尼斯认为，基于"血缘、地缘、精神"所维系的社区，有着"社会"所没有的坚固关系，尤其精神上的认同所维系的社区共同体是一种"真正属于人的……心灵性生命之间的关联"。虽然滕尼斯的社区观点通常被认为是对资本主义重塑的传统社会秩序的强调，但是其对后工业时代的社会发展仍具有启示意义，当快速

11

的城市发展与迭代的新型技术造成了人际关系的剥离，呼吁"共同体"的建立是破局之法。滕尼斯对"社区"关于"真实的"以及"有机的"两种本质属性的描述，既是对于古代社会的真实性阐释，同时也是对超现代理想社会乌托邦的映像素描。

不同于滕尼斯对回到"社区"的呼吁，法国社会学家埃米尔·涂尔干（Émile Durkheim）更加强调"社会"对城市的推动力。涂尔干将"社区"与"社会"分别重新诠释为"机械的团结"与"有机的团结"，虽然同样是论述"社区"与"社会"之间的关系，但滕尼斯对于工业主义造成的社区分离持有一定的批判态度，而涂尔干却认为新兴的工业经济事实上代表着社会的进步。涂尔干确信，新的工业秩序将取代较早的生活方式："伴随着工业经济的来临，村庄社会已经消失，永不复返"，他将"社区"生活描述为"机械的团结"，之所以认为其是机械的，是因为社区原本就是注定的，是无法进行选择的，人与人之间的联系靠着亲属的血缘关系联结在一起，并且只要个体一直留在当地的村庄，社区的格局就不会被改变。而"社会"却不然，在工业城市中，个体之间的联系并不依赖于亲属，因此也不为其所束缚，反而每个人都能够在不同的劳动岗位上与不同的人进行互动，因此是一种"有机"的团结。涂尔干的观点整体是建立在生产关系上的，"社会"的团结来自劳动关系之间的互动，这种互动关系脱离血缘亲属联系，仅仅依附于个体行动者自行创造，因而虽然具有更多的自由性，但是这种劳动关系却明显并不稳固，也难以形成集体的精神认同。在后工业社会城市发展模式从生产型已经走向生活型的时代，一些学者认为社会的团结显然更加需要精神与心灵层面亲密关系的建立。

立足于工业革命造就的现代城市生活，德国社会学家格奥尔格·齐美尔（Georg Simmel）强调现代性塑造中文化互动的重要性，将城市生活方式视为文化心灵互动的结果。与涂尔干、马克斯·韦伯（Max Weber）等人传统的社会学观点不同，齐美尔首次以文化的角度去看待城市生活，并且更加关注城市中个体之间的互动关系。与涂尔干一样，齐美尔肯定现代城市生活，认为在传统社会中，个人的行动是受到时间与空间的双重束缚的，而在现代城市中，个人有着容许获取自由并且发展自己个性的可能性，城市容许获得这样的文化自由的可能性以及个体教养的符号——服装、朋友、讨论团体、歌剧、艺术、小说——共同组成现代性的标志，我们也可以称作城市生活方式。与涂尔干所强调的劳动关系社会不同，齐美尔显然找到了一条在现代城市建立精神认同的方式——文化，他认为包容性更强的城市为更加积极的文化参与提供了活跃的土壤，人们通过文化互动建立心灵关系，进而形成精神认同，形成城市现代化的生活方式。

　　滕尼斯、涂尔干的早期社区思想虽然存在着"社区"与"社会"的理论分界，并对城市生活有着不同态度，但是他们却也都承认了"社区"在社会关系上的原始性，即滕尼斯所强调的"真实性"。生产力的变化在不断地重塑着社会生活，因此工业主义的发展是必然的，齐美尔与涂尔干皆支持工业主义，并准确意识到了文化对现代城市生活方式的塑造，"心灵"与"互动"的理论思想也直接影响了后来芝加哥学派的城市研究者所持的社区观点。如果对齐美尔的观点进行再次解读，可以将城市"社区"式的生活形态理解为个体心灵对于生活的重新认识并且允许个体在社交行为互动间对于生活的重新演绎。换言之，任何生活于城市社会中的人，在心灵上都有着对稳固的、亲近的、团结的等初级关系的需要，这正是"社区"所彰显的关系含义，因此，受到心灵的驱使，个体因为在城市社会中有着更自由的活动，进而促进着个体的自由创造，这不仅可以解释一些创意社区的产生，也是造就地区文化异质性与多样性的原因。

　　不同于齐美尔等人对城市生活的宏观描述，芝加哥学派将城市研究聚焦于社区内部，以人类生态学的理论范式构建了西方社区研究的成熟体系。20世纪早期，帕克与伯吉斯（E. Burgess）正式将社区研究带入社会学研究潮流，并且融入生态学概念，形成了芝加哥学派的人类生态学研究。以帕克为代表的芝加哥学派并不将社区的意义绑定于滕尼斯对社区（gemeinschaft）的观点。帕克重新界定了社区（community）的概念，尤其是赋予社区以地域性含义。他首先界定了社区的三个本质特征：①按照地域组织起来的人口；②这些人口与该地域有不同程度的联系；③社区中的每个人处于相互依存的关系中。其中社区中的人们要有重要的经济组织特征——职业，只要包含这几个主要特征，小到村庄、乡镇、都市，大到全世界，都可以称之为社区。其次，帕克认为社区是社会的一部分，尤其是在经济层面提供给社会必要的物质条件，他提出社会学研究的对象并非个人，而是人与人之间特别具有的一种关系，具体体现在社区的风俗习惯、规章制度及宗教信仰上。

　　2. "社区"概念的中国化

　　中国的城市社区语境与西方不同。一方面，中国有着深厚的乡土基础，城市与乡村"落叶归根"式的联结主导着中国新型城镇化与城市现代化的发展，乡土基因的传承、乡土社会的回归与超越以及中国长期以来历史积淀的公序良俗都会成为城市社区现代化高质量发展的关键影响因素与逻辑主线；另一方面，西方城市社区格局的扭转源于生产力的革命，从而驱使城市发展爆发性且大规模地进入了现代社会，中国的工业革命却是伴随着改革开放之后"世界工厂"的角色转变与乡镇企业的异军突起开始的，产生的直接结果是乡村社区劳动力向城市工厂的大规模转移，继而独特的"单位制"社区成为中国最主流的城市社区形态。因此，中国城市社区无论是在社会基底还是发展原动力上都与西方有着本质区别，相比起西方颠覆性的社区动作，中国社区的进化是循序渐进、娓娓道来的，并且每一步都印刻有鲜明的时代印记与文化韵味。其中，在社区研究中，中国著名社会学家吴文藻、当代著名社会学家费孝通等人基于西方社区的研究，开创了独具中国特色的"地域主义"的社区研究学派。

20世纪30年代，滕尼斯所提出的"社区"概念在中国一经引入，便带有地域主义的观点。中国学者认为，对于社区的研究必须在明确的地理界线内进行，因此，以燕京大学为代表的社区研究学派选择性地引用了人文区位学派与功能学派的理论，将"社区"研究聚焦在"地域社会"的定义框架之内，并立足中国乡土社会的现状，开启了一系列以乡村社区为研究对象的地域研究，其中以乡村宗族研究最盛，例如，著名民族学家林耀华的《义序宗族的研究》对福州义序乡黄氏宗族村落的调研、社科院民族所藏学家李有义在山西徐沟县农村的社会组织调查等皆产生了重要的影响力。这些社会人类学者积极深入乡村，以参与观察和访谈的方法开展田野调查，从微观观察中得到宏观通论，初步创立了"比较社会学派"的乡村社区研究范式。

在社区内涵的理解上，受到滕尼斯观点的影响，中国著名社会学家吴文藻将"社区"与"社会"重新解释为"自然社会"与"人为社会"，他认为两者的区别主要体现在三个方面。首先，"自然社会"由人的本质意志主导，"人为社会"由作为意志主导。其次，自然社会是本质的、必需的、有机的，人为社会是偶然的、机械的、理性的。最后，自然社会是感情的结合，以齐一心志为纽带；人为社会是利害的结合，以契约关系为纽带。而在借鉴芝加哥人类生态学派以及功能学派的观点之后，吴文藻开始将社区视为一个有机的"整体"，是一定空间区域的人民的实际生活，包含了"人民、人民所居地域、人民生活的方式或文化"三个要素，人们首先从经验上表现出来的"人民"即人口密度认识社区，进而从地域上区分社区类型，而"文化"则是真正了解社区社会系统的核心。吴文藻认为，文化是"某一社区内的居民所形成的生活方式，所谓方式系指居民在其生活各方面的业果"，"现代社区的核心为文化，文化的单位为制度，制度的运用为功能"，社区便是文化时空的某一个历史与地理的范围，社区总是处在某一个时代背景并且位于特定的空间地域中。他还将文化进一步分为物质文化（物质生活）、象征文化（语言文字）、社会文化（社会组织）与精神文化（宗教文艺）四类，并从地域空间角度将社区分为乡村社区、部落社区、都市社区三类[①]。这种"功能性整体"的观点为从不同文化层面认识社区以及总体概括社区的文化本质提供了有效的方法，但是吴文藻对文化的拆分在本质上仍旧是功能性的，因为无论是物质生活、语言文字，还是宗教民俗等仅仅只是文化的个别表现，而社区也是有机动态的结构体，不同类型社区之间的互动与转化问题并未在吴文藻的研究中得到回答。

在吴文藻之后，当代著名社会学家费孝通进一步将中国社区的研究直接指向了与西方都市社区有所不同的乡村社区。费孝通认为，中国社会的本质是"乡土"，虽然城市在不断地发展，但是城与乡系于"落叶归根的社会有机循环"，千百年来互相支撑，本位一体，"由一根根私人联系所构成的网络"构成了中国乡土社会的基层结构，费孝通称之为"差序格局"。在"差序格局"中，乡土社会既传统又稳定，一切社会实践的基础是人与人之间的私人关系，人们由熟悉产生信任，人与人之间的交往遵从着约定俗成的"礼俗"。费孝通进一步指出，在西方都市中，构成都市社会基层结构的是"团体格局"，都市社会实践的基础在于"法理"的约束，人们依从于不同的"团体"，团体意志大于个人意志，人们时刻能够感觉到对于"伙伴"的需要；而在乡土社会中人们可以自食其力，犹如老子所说的"鸡犬相闻，老死不相往来"的理想社会。立足于中国的现实情况，费孝通又用"礼俗社会"与"法理社会"作为对滕尼斯"社区"与"社会"的解释。与吴文藻的功能论思想相比，费孝通对乡村社区的观察与滕尼斯"共同体"的观点更加接近，他以"乡土"深刻透视中国社会的本质，正是由于乡土基因生生不息的传承才孕育了中国湍流不息的文脉之河。新石器时代的聚落带来了改造自然的生产经济与生生不息的子嗣繁衍，人与自然的统一、血统和土地的统一构成了原始村庄最基本的生活方式，人类遵从着生存的需要且怀揣着对于乌托邦式的美好生活的人文理想从而孕育了城市，村庄的秩序与稳定性连同它母亲般的保护作用和安适感等都传给了城市，从而使得城市能够时常保持活力，人类文明也得以永续。如今伴随着城市化的发展，中国的城市与乡村俨然已经形成了完全不同的生产、生活与生态结构，高速流动与逐渐隔离化的现代城市社区越加呼唤"乡土"的回归。

"社区"与"社会"恰是对"乡村"与"城市"两种不同的社会结构与生活方式的描述，滕尼斯、涂尔干以及费孝通等人所论述的"社区"，是原始村落代

---

① 吴文藻. 论社会学中国化［M］. 北京：商务印书馆，2017.

表的稳固"共同体"形式，人与人之间基于地缘与血缘的联结而有着共同精神，这种精神性的社会关系深深刻印于人们的内心，从而使得个休即使离开了土地，实际上仍然存在着以地方为纽带的精神依附，这便是乡土社会的"落叶归根"。乡村作为城市发展进化的母体，不仅是城市现代化发展的压舱石，也是城市危机的蓄水池，在当代城市生活节奏加快、生活方式越加碎片化的状态下，人们建立"共同体"关系的渴望越加强烈，这种稳固而亲密的文化认同，不仅是人们城市生活的精神依附，更是城市高质量可持续发展的重要维系。而无论是乡村社区还是城市社区，抑或是现代社区与传统社区，"社区"存在的意义不仅在于为人提供居所以及其他的生活所需。就人民生活而言，社区是特定地域内群体生活方式的反映；就文化传续而言，社区旨在于日常生活中孕育文化传承继替的动力。

（二）社区分类

一般来说，常见的社区基本分为两大类：城市社区和农村社区。城市社区又可以继续细分为社会社区、地理社区、虚拟社区。"社会社区"是指由街道办事处所管辖的小区，有些小区由于历史原因，没有现代物业的进驻，统一由街道办事处管辖。"地理社区"是指近些年来开发商所建的小区，统一由物业管理，在这些小区中，虽然也有辖的街道办事处，但是服务基本由物业承担。虚拟社区是指一种存在形态，虽然这些人在地理上不居住在一起，但是由于某些利益原因而成为一个群体，如某些大型企事业单位的职工、银行的 VIP 客户、保险公司的客户群等。农村社区又称乡村社区，是指以从事农业生产活动为主的居民所组成的地域性共同体。如要进一步细分，那么农村社区也可划分为山村社区、平原社区、高原农村社区、江南农村社区等。

（三）社区营造

1.社区营造的概念和特征

（1）社区营造的概念界定

"社区"源自拉丁语，原义是共同的习俗和密切的伙伴关系，后经由英文单词"community"翻译为汉语。社区营造是建立在"社区"这一物质空间及精神空间的基础上形成的治理模式。"社区营造"又被称作社区总体营造，指的是社区以居民为代表的多方利益主体共同参与，协商处理社区公共问题，在这一过程中，通过凝聚共识，建立起牢固的社会关系，从而推动社区可持续发展的过程。具体来说，社区营造是指扎根于社区的特有环境，通过举办一系列活动，动员居民广泛参与，对社区空间和生活环境进行再造和重塑，实现社区复兴的社会治理实践。

（2）社区营造的特征

社区营造是自发于民间、政府诱导且相关部门相互配合之下的产物，其具有自发于民间、统筹于民间组织、规范于政府，帮助居民解决实际问题且发展社区文化、经济与商业模式的特点。其主要营造特征如下：

第一，社区主要利益相关者参与建设。为增强社区民众的兴奋度与社区建设氛围，居民等主要利益相关者应发挥重要作用。居民较为熟悉当地环境与人员关系，能够及时了解社区居民的主要诉求、社区建设重点方向，其意见与规划方向具有重要参考价值。具体方法有培养居民领袖、居民参与设计、社区义工招募等。

第二，社区机构与组织活跃社区氛围。社区机构通过政府支持、居民参与等手段进行社区建设策略的孵化与产出，将其商业模式由浅入深纵向发展。社区组织与机构主要通过培养居民的参与能力、协调社区可持续发展、维护社区商业化进度等方式构建社区相关模式。其不仅能够有效地促进社区发展进程，而且对于商业圈的构建与人际网络的搭建有着重要价值。具体方法有组织社区研习社、建立社区合作社、设立跳蚤市场、建立社区图书馆等。

第三，社区文化弘扬与传承。社区文化属于社区营造特性中地域性与故事性的一种表现。如今，社区文化发扬与传承的具体方法有建立社区文化馆、撰写社区历史、开展地方工艺传授活动、编写社区故事集等。

2. 社区营造发展历程研究

1960 年，一部分西方国家开始反思因经济高速发展给人民居住环境带来的巨大危害，自此社区规划（英美等西方国家通常使用"社区规划"或"社区发展"概念而非"社区营造"）兴起；近乎同一时期，此种社会思潮影响到日本，日本掀起了"造町运动"，真正形成了社区营造的理念；随后该理念于 21 世纪初传入我国，形成了在东亚地区具有广泛深入社会影响的"社区营造"运动。

（1）日本社区营造的发展历程

日本的社区营造产生于 20 世纪 60—70 年代经济高速发展时期，经历了几个不同的发展阶段，从最初的保护历史文化街区、美化居民日常居住环境等领域逐渐延伸到了居民日常生活的各个层面，成为全民社会运动。

① "诉求与对抗型"社区营造（20 世纪 60—70 年代）。该阶段中开展的社区营造工作，将传统街区、城镇的保护工作视为核心内容。市民主要进行的是诉求对抗型的营造活动，该类活动大都通过对历史建筑的保护、改造、利用和对地方文化的重新挖掘实现。

②"市民参与型"社区营造（20世纪80—90年代）。日本在该时期的社区营造迈入了营造内容与营造主体多元化的阶段。在居民热情已经被调动的大环境下，町内会逐渐脱离政府，成为居民参与的中坚力量，政府也雇用设计师对居民进行专业的组织培训。在进行了多主题营造活动的尝试之后，居民开始自发开展能够提升当地价值的活动来维持社区营造的可持续性，进行资源调查、计划整合和研讨审议，再和政府共同对政策进行评判。

③"市民主体型"社区营造（20世纪90年代至今）。这一阶段的社区营造活动呈现出综合化和普及化的发展趋势。日本阪神大地震后，第三方组织大量兴起并在各方面活跃起来，大量居民开始加入非政府组织（NGO）、非营利组织（NPO）和政府进行协商与公平竞争。同时，社会组织利用社区公园、特色商店等来维护居民的资金运转，并组建起社区公益信托维持营造的物质循环，市民主导的社区营造系统渐趋于完善。

（2）我国社区营造的发展历程

我国的社区营造最早出现于汶川地震后的灾区重建工作中，并且受到一部分学者推动逐渐构建出了符合当地实际情况的科学社区营造方法。相关学者、社会团体或政府部门组织了大量社区营造实践工作。

一开始，清华大学博士生导师罗家德教授独自主导了四川杨柳村的灾后社区营造项目，随后在2011年成立了社区营造研究中心，以罗家德为代表的学者结合社区营造试点的实践，开启了国内社区营造本土模式的探索。

2012年党的十八大和2013年党的十八届三中全会所倡导的"社会治理创新"理念极大地促进了社区营造在国内的传播，迎合了当前我国大量社会组织兴起并参与社会治理实践的诉求。2017年党的十九大报告中提出的"打造共建共治共享的社会治理格局"进一步促进了社区营造在国内的发展。2015年北京市朝阳区的"社区营造计划"、2016年成都市发起的"城乡社区可持续总体营造行动"、2018年北京市大栅栏街道的社区营造及自组织培育等社区营造项目如雨后春笋般涌现出来。社区营造的范围由乡村地区逐步扩展至居住小区乃至历史文化街区。迄今为止，社区营造已在北京、上海、广州、厦门、杭州、南京等开放型大都市、西部城市成都以及云南、山西等乡村地区呈快速推进之势。2022年党的二十大报告指出，要"完善社会治理体系"，为社区治理指明了新的方向，也为社区营造工作提出了新的要求。

3.社区营造理论方法研究

（1）社区营造的目标

社区营造，是借由社区公共事务开展所必须依赖的共同行动，最大限度地激发居民参与社区活动的主动性，促使社区文化、环境全面提升，推进社区全方位维护及持续发展的过程，其目标展现出了显著的多元性。结合社区营造的成功经验，归纳出社区营造的十个主要目标，包括推动社区共治、促进高效协作、推进功能重建、构建多元文化、完善服务设施、打造步行街区、营造街道景观、保护自然生态、发掘地域产业、建立政策体制。

（2）社区营造的原则

每个社区的发展历程、人员组成、历史文化、资源禀赋等各有特点，社区营造要结合社区的实际情况对症下药。在此基础上社区营造也需要遵循一系列的共同原则，分别是居民主体、民主协商、自下而上、共同参与、权责一致、过程导向和可持续原则。

一是居民主体原则。居民是社区的主人，居民的社会资本能够为社区所用，汇聚起来，形成解决社区问题的丰富资源，推动社区发展。

二是民主协商原则。社区要在求同存异的基础上，通过平等友好的协商，达成社区共识，推动问题的解决。

三是自下而上原则。社区营造需要居民自下而上地推动，集体行动的动力要来自内因而非外力。居民参与社区治理应当形成民事民意民决的长效机制，塑造居民的责任意识和志愿精神，推动社区问题由居民自行解决。

四是共同参与原则。社区营造注重的是各主体参与路径与居民自治自决相结合，也可以称作社区的自组织过程，共同营造舒心美好的温暖家园。

五是权责一致原则。面对居民的个性化、差异化需求，政府、市场、社会组织、居民等主体应当按照权责一致的原则区分权利、责任、义务的边界。

六是过程导向原则。比起一味追求行动效率和结果，社区营造的过程更有意义，作为一个需要长期深耕的项目，社区营造的过程更具有价值。

七是可持续原则。社区营造可以建立并长期维系社区居民之间的沟通协作关系，以此来建立健康稳定的关系网络，在各个维度提高公民的参与度，完善以社区共识为基础的行为规范，增强社区居民的信任感及认同感，从而推动社区可持续发展。

（3）社区营造的方法

社区营造的实现，从本质上来看是一个明确的目标议题，即以发掘地域性为重点内容，基于多元主体共建共治机制、长期行动计划，来促进营造目标得以顺利实现的综合性过程。无论是管理方，还是社区居民、专业团队等都需要积极配合，从而达成共同的目标，借助地域文化、历史、场所活动等不同因素，唤醒居民内心深处的集体记忆，形成多方主体共同治理的体制，并依据实际情况对行动计划不断进行调整与改进。

第一，建立共识。各大主体之间形成统一意见，是推动社区营造发展所不可缺少的前提条件。管理部门需要了解地方实际情况，并与社区营造专家讨论可以实行的计划；居民需要对以上方法做到有效了解，并积极参与使意见达成一致；社区营造专家需要掌握促成共同意见的方法。

第二，发掘地域资源。社区营造是包含个性的活动，需要构建在地性延续的基础上。不仅要积极发掘社区中存有的文化、历史资源，还需对与本地有紧密联系的一系列生活规范、使用传统等内容予以传承，唤醒本地的"地方文化"遗传基因，也要积极融入现代社会的生活方式与优点，使社区走向传统文化与现代文明交融的可持续发展道路。

第三，组建共治的体制。在地方社会内构建共治体制，积极引导各大主体之间产生良性互动关系，为共同目标的实现提供有效保障。居民、企业、管理部门、社区组织等都属于社区营造中的参与主体。各个主体要形成明确的责任分工，提出协力合作的具体方式方法。

第四，设立长期营造的行动计划。社区营造是基于动态行动计划的长期性经营过程，行动计划需要结合实际问题与实际诉求，在各类主体的自学习、自组织、自治理中不断进行调整。

二、社区治理

（一）治理的内涵分析

1.治理的基本范畴

自 20 世纪起，"治理"这一概念在西方学界得到了普遍的应用，特别是西方的经济学、政治学、管理学等学科领域。从"治理"这个术语的由来看，在拉丁语中，"治理"的含义是指导、控制、管理，指政府机构的一些单位管理国家的公共事务。"治理"一词甚至可以追溯到 16 至 18 世纪的法语单词"gouvemance"，该词在法语中主要是指开明政府和西方市民社会的融合。

在历史长河中，"治理"与"管理"总是在政治和经济领域中相互交替使用。从"管理"到"治理"的历史进程可以追溯到公元前4000年前后。早期的管理主要是在政治和经济领域展开的，如古埃及和古希腊的城邦政治和罗马帝国的行政管理等。在工业革命之后，管理逐渐成为一个专业职业，并被广泛应用于企业、政府和其他组织中。管理的重点是底线和效率，通过科学的方法和规划来实现组织的目标。随着人类社会经济的快速发展，公共管理日益难以满足日趋复杂和不断变化的社会现实，社会各界逐步开始加强对治理的关注，逐渐认识到治理和管理有很大的不同。

从管理到治理的转变过程之中我们可以看到以下区别：

第一，权威的源头是不一样的。管理的权威取决于政府机关作为国家机器自上而下的强制力；而治理的权威不仅仅源于政府机关所制定的法律法规，而且更多地源于社会组织和团体的权利、共识、协商、契约等。因此，取决于政府机关强制力的管理，其权威的形成更多地体现为单向的、强制的、刚性的，因此，管理行为的合法性、民主性才多被质疑，造成其有效性难以发挥；而治理的权威形成更为复杂，这也造成了治理的合理性可以得到更多的重视，增强了其有效性的发挥。

第二，参与的主体的差异。一直以来，政府都是管理的主体，但是，治理则不同，治理的主体还包括社会组织乃至个人。党的十八大以来，党中央强调要"加快形成党委领导、政府负责、社会协同、公众参与、法治保障的社会治理体制"。事实上，这种转变已经体现了多元治理的法治理念。也意味着，人民是国家政权的主人，也是我国国家治理的参与者之一；政府将不仅仅是治理的主体，同时也是治理的客体；社会也将由治理的客体拓展为治理的主体之一。

第三，运作方式、方法不同。管理更多地以命令、权力、规制、设定负担和惩罚为基础，而治理更注重少些强制、多些满意，少些负担、多些服务，少些专断、多些交流和磋商，少些排斥与歧视、多些互利，少些惩罚、多些鼓励，少些任性、多些公开，少些行政命令、多些行政指导，少些被动应付、多些主动参与，少些意外、多些前瞻性的防范。

因此，结合上述关于治理的基本范畴研究，可知治理的基本特征如下：其一，"治理"强调了国家与社会的相互作用，国家的治理力量是国家与社会共同分享的。其二，"治理"实现了对传统的管理模式的突破，在计划经济时代，以"单位制"和"街居制"为代表的政府控制模式已不能适应目前"社区制"的发展，由民主磋商代替了国家的统治，而多元主体的相互影响和互动是其必然趋势。

21

其三，有效的治理需要各主体以法治为核心，以法治为中心来有序展开治理的具体实践，以实现社会发展与公众利益的最大化。

2. 治理的理论要义

"治理危机"这个术语在 20 世纪 90 年代第一次被世界银行采纳，该名词被载入了《撒哈拉以南非洲：从危机到可持续增长》。在此之后，各种文献、报告中都开始频繁出现"治理"一词，经济学、政治学、管理学等学科也纷纷对"治理"这个概念进行了研究。可以这么说，治理理论自出现开始，西方国家的政府机关、政界人士都对其产生了浓厚的兴趣。在"治理"概念盛行之后，许多学者都对其抱有很高的期望，并对其进行了深刻的剖析，认为"治理"是一种重要的社会现象。

我国大多数学术论文和教材中对治理理论的介绍均是引用深圳大学政府管理学院院长俞可平的《治理与善治》一书中的内容，在这本著作中，俞可平在整理了诸多西方学者和国际组织关于"治理"概念的基础上，对治理的概念做出了明确的阐释，即在一定的范围内，通过权力来维护社会的秩序，满足社会大众的需求，治理的目标就是利用权力来引导、控制和规范公民的行为，使社会的利益最大化。同时，俞可平认为，治理有其作用，但治理并非无所不能，治理也有"失败"的可能性，要减少治理的失败，必须发挥"善治"的作用，"善治"是"公众利益最大化"的过程。在许多有关治理的定义中，最有代表性和权威的定义是由全球治理委员会提出的。全球治理委员会相信，治理是一个长期的进程，它是由各种公众或私营的个体和组织以多种形式处理它们的共同事务，以正式的和非正式的方式协调并一起行动的过程。

基于上述内容，我们可以看到治理理论主要涉及三个方面的因素，即由谁治理（治理主体）、该如何治理（治理方式）、治理效果如何（治理效果）。可以说，治理理论旨在在政府和社会之间建立一种新型的合作关系，打破原有管理理论的束缚，强调协同与合作、多元与共治，以达到最大的公共效益和最小的行政代价。"治"论的崛起，强调"多元共同治理"的格局，强调"分权治理"，强调"社会参与"等思想，这些都深刻地影响着世界各国的治理模式。

通过对国家统治和政府管理进行扬弃，治理在此基础之上得以形成，进而使得治理将制度的完善和公共秩序的完善放在了同等重要的地位；治理强调管理者与利害关系人之间的协作；治理突出政府的管理者对政权的拥有者负有责任，并可以被政府的拥有者问责。可以发现，从统治、管理到治理的演进，不仅仅是词语的变迁而且反映了国家到社会再到公民之间从对抗转向交互联动再转向合作共赢共治的一场思想革命。这是一场政府、社会和公民之间从对立到互动到共同治理的理念变革，是一次政府、社会和公民三者之间从资源的结构改变到实际的功能改变再到最终的主体性变化的国民试验。

综上可知，治理强调的关键点是多元主体的互动参与，在方式上追求的是多元主体间的有序和和谐，因此，治理必须依托法治，以法治为中心来有序展开治理的具体实践，从而使多元治理主体之间构成良好的平衡发展的基本态势。

（二）社区治理的概念界定

治理是或公或私的个人和机构经营管理相同事务的诸多方式的总和。它是使相互冲突或不同的利益得以调和并且采取联合行动的持续的过程。治理不同于管理，治理强调主体多元，需要社会中每个分子的参与。同时，治理以制度为基础，注重方向性。美国社会学家法林顿（Farrington）于1915年首先提出了社区发展的概念，即居民依靠本社区的力量，解决社区共同问题，提高生活水平，促进社会发展的过程。后引申为社区治理。

社区治理包含国家、公民、社会组织、市场等众多角色，他们共同参与到治理结构中。社区治理要做好两个方面的工作：治理结构和治理过程。治理结构是指治理中的主体关系，它包含社区内部、社会与外部（政府和市场）的关系。而治理过程则是指通过治理结构的调整和运作，产生相应的治理效果。过程涉及各主体的互动。过去的治理模式主要以政府为主导，近年来更多地倡导加强社区能力建设，构建新的互动关系。

反观我国，自1991年民政部提出社区建设理念，到党的十八大第一次把"社区治理"正式写入党的纲领性文件中，各类关于社区治理议题的理论与实践研究得到飞速发展。在社区治理的内涵界定方面，学界的研究大致可划分为两个层面。一是聚焦微观层面，从社区治理的运行机制或是具体治理单元来进行分析，认为社区治理的要义在于改善公共服务供给、内部事务关系协调以及突发事件应急处置等方面。二是聚焦宏观层面，认为基层是社会治理的深厚基础和坚实支撑，关系国家社会发展稳定大局，故而应着眼于宏观发展目标来定位和要求社区治理，并从公共治理角度如治理体制、制度设计等方面入手，对各治理单元要素进行科学合理的规划，从而使得社区治理功能得到充分发挥。

虽然关于如何准确界定社区治理的概念，学界存在因上述研究视角不同而形成的不同看法，但在核心要素方面仍然存在显著共识。一是社区治理的主体多元化。社会成长带来的巨大压力，将吸引社会参与不断增长摆上了城市基层治理创新工作的日程。在行政力量之外，社会治理显然还需要更广泛的主体共同参与，包括个人、非政府组织、企业、私人机构等。二是社区治理的目标过程化。除了完成社区被赋予的特定的具体的经济社会发展任务之外，社区治理还承担着激发公民参与治理、培育完善组织体系、构建互通机制等长期性任务，因此社区治理的过程目标需被充分重视。三是社区治理内容的扩大化。随着人们社会生活诉求的日益增多，社区治理的微观领域不断扩大，现已涵盖社区服务、社会救助、治安、文明建设、环境治理等多个方面。社区治理目标的复杂化，呼吁治理力量与资源的多元化。四是社区治理的过程互动化。社区治理之所以区别于从前的社会管理或政府行政管理，很重要的一点就在于其权力运行方式不再局限于单一的、自上而下的命令方式。它主要是通过居民的社区意识和广泛认同来达到良好治理目标的。

综上，可以归纳出社区治理的定义：在社区范围内，依托治理主体的多元化和治理方式的多样性，共同对社区公共事务进行有效的管理，从而增强社区凝聚力、提高社区自治能力、增进社区公共生活整体利益最大化和可持续发展的过程。

（三）典型的社区治理模式

1. 典型的城市社区治理模式

我国基层社会治理模式自 20 世纪 80 年代末民政部倡导的社区治理改革开始不断由经济体制下的行政主导控制型模式向自治模式转变。在持续的探索和研究中，形成了如下几种代表性较强的城市社区治理模式。

（1）街居 - 政府主导管控模式

街居 - 政府主导管控模式是由街道办事处和居民委员会作为治理主体的基层治理模式。在社区形成之前的一段时间里，我国城市基层社会治理一直有传统街居模式的痕迹。单位制解体后从单位剥离的责任直接交由社区承担，在这种模式下，权力依靠科层制，行政权力进行自上而下的社会整合，建立了纵横向到底的管理体制。街居 - 政府主导管控模式发展到现阶段，依旧按照传统的管理制度进行社区治理，街道办事处是治理主体，同时将居民自治组织如居民委员会纳入管理体系，居民委员会要听从街道办事处的领导，同时社会组织和其他社会团体共同参与社区治理。在该体制下，上海模式是代表，一些学者在对上海模式进行研究的过程中，将其视为由政府作为主导的层级化社区治理模式。在研究中围绕该体制下街道办事处行政职能的开展，将其划分为三种模式，即消减其行政权力的模式、扩大其行政权力的模式和在社会网络中纳入行政权力的模式，通过对这三种模式进行深入对比，可以发现，社区治理并不仅仅是社区自治，同时还离不开政府的规范、引导和支持。

该模式下，政府可以充分发挥调动、整合资源的能力，推动社区发展，缺点是政府作为主导往往会降低社区居民共同治理社区的参与度，并且居民对社区治理的满意度有待提高。

（2）居社分离模式

居社分离模式是指在城市基层社会治理中，除了社区党组织和居民委员会以外，由新设立的社区工作站承接街道办事处交办的各类行政性管理工作。这种模式在2005年就得到了实践，在该年深圳盐田对此进行了运用。在该模式下，居民委员会从原本复杂的行政事务中抽离了出来，从而有更多的精力和时间关注居民利益，并有效对社会矛盾进行处理，推动居民自我监督、自我管理工作的开展。该模式在一定程度上改变了街道对社区管理的方式和流程，改变了社区的组织框架和治理机构，起到了改善社区自治能力的作用。但是该模式中社区工作站这一关键环节成了街道办一种负责执行行政任务的下属机构。

居社分离模式使居民委员会和社区工作从权利、责任、利益等方面完全分开，理顺了国家基层行政与社区自治两个主体共同运行的机制。一方面让居民委员会更专注于社区自治，从而为居民提供更好的公共服务，满足居民的各类诉求；另一方面社区工作站单独设立让行政工作可以更快、更高效地落实。研究发现，社区治理模式的本质就是社会、市场和国家相互融合的模式。居民和其他社会团体参与社区治理的积极性提高，但社区工作站在一定程度上无法跟上社区发展服务的要求，可能会出现社区工作站工具化的现象。

（3）自治模式

自治模式是指以社区居民为核心，以满足社区居民的需求为主要目标，社区组织成为社区治理的中坚力量，共同建设和管理社区，实现真正的社区自治。武汉模式是自治模式的代表，进一步明确了政府和社会的关系，逐渐实现社区的自我管理。对于社区组织而言，一是要负责落实国家和地方政策法规、城市管理各项事务、社区代表民主监督等，二是要负责管理社区内部、提供社区服务和教育等。社区自治的目标是通过征集社情民意、集体决策、管理和监督等方式满足社区居民的要求，为社区居民提供良好的社区环境以及广泛而优质的社区服务。

自治模式的治理主体是全体社区居民，采用此种模式极大地提高了居民参与社区治理的热情，促进了社区各类资源的整合。而对机制进行完善和创新，构建多元主体有机参与、开放共享的治理体系，能够促进居民提升参与治理的热情，增强参与治理的决心。在这种模式下，可以将社区打造为归属感强、凝聚力高的共同体，从而取得良好的自治效果。

（4）"红色管家"模式

"红色管家"模式是新时代党建引领社区治理的一种有效的模式，也是对党建引领社区治理工作进行创新的重要方式。新时代，只有充分发挥社会、市场、政府等各主体的职能和作用，构建各主体有机融合、共同参与的体系，实现相互之间的有机互补、合作共享，才能够使社区治理更为科学有效。

"红色管家"模式中最关键的要素在于通过基层党建的引领，有效突破原有的社会治理由党委或政府负责的单一作用模式，在发挥党组织引领性作用的同时，实现居民、社会、政府等有关主体的融合互动，最终达到相互之间的协调运转。"红色"寓意着党对社区治理工作的领导，党委发挥的是领导核心和政治保障的作用，既体现在党委对社会治理的宏观决策和微观推动方面，也体现在党委在治理过程中的平衡调节、引领带动等方面。

在区域化党建的大框架下，"红色管家"模式构建起一种在党建引领下，实现在基层社区治理中政党、国家、社会充分沟通和有效互动，并促进各方主体的协同、互补与信任，实现机制优化与过程完善的治理模式。在"党建＋服务"的框架下，社区依托"红色管家"治理模式，将社区内的党组织、小区业主委员会、物业企业、社会组织与社区居民等多方主体迅速联合起来，将多方资源迅速有效地整合起来。在实施过程中，"红色管家"模式将项目运作纳入日常的"党建为民服务项目"支出中，以此激活社区治理体制的存量。而"红色管家"的纽带作用，则可以对多个治理主体的热情进行调动，使总体治理成本得到降低，实现了协同治理与低投入高收益的创新目标，实现了对社区以及基层行政的整合，优化了党政统筹资源和服务群众的效能。

2. 典型的农村社区治理模式

模式一为自治性治理。国外的工业已经十分发达，西方国家的经济发展早，社会发展成熟，其工作力量已经十分完善，主要是以社区自治为中心开展社区治理，一般情况下，社会具备完善的机构，划分了明确的权限职责。欧美、澳洲等国家充分发挥农村社区的作用，并将社区作为最基本的管理单元，以社区为中心设立了大量的管理、服务组织，其对应的组织权限得到了明确的划分，稳步开展工作；同时农村社区治理中还糅合了非政府非营利性组织，它们也发挥了十分积极的作用，这些组织始终致力于公共服务。

模式二偏向于行政主导治理。大多数经济不发达的国家都选择这一模式，特别是发展中国家。在农村社区治理的过程中，政府处于主导地位，在政府行政体系之中，结合基层治理的需要来设立相应的社区管理单位。一些发展中国家设立专门的机构部门，将之作为社区治理的主要部门，统筹规划公共服务设施，对社区服务人员开展专业化的培训与管理，并围绕农村社区治理的需要，提供与之相应的管理资源以及明确社区治理的方向和理念、全面组织开展相关活动等。

模式三为混合治理。这种治理模式处于模式一和模式二之间，常见于日本、以色列等国。政府会对社会展开间接的干预政策，但是主要是以自治为中心。政府派专员与地方代表一起组建农村社区治理机构，政府根据社会治理需求，专门划拨专项资金以便社区开展治理工作。以色列的社区中心协会属于董事会负责制，具有全国性。政府和地方以及第三方组织共同成立董事会；并且社区中心协会还具有很强的独立性，需要和政府有着良好的沟通，还需要积极履行好其职责。

第二节 社区治理的基本理论

一、治理理论

治理理论和诸多公共管理理论一样，并非中国的本土理论。治理的概念最早源于古典拉丁文或古希腊语"steering"，其原本的意思是控制、引导和操纵。20世纪90年代以后，治理理论在西方正式兴起，有不少学者对治理理论的定义进行了界定。如有的学者认为治理是在管理国家经济和社会发展的过程中权力的行使方式；也有的学者认为治理是确定如何行使权力，如何给予公民话语权，以及如何在公共利益上做出决策的惯例、制度和程序。这些定义虽然有助于我们理解治理的内涵，但是却很难成为一个具有普遍有效性的通用方式。其最具有代表性和权威性的定义是全球治理委员会在1995年对治理做出的如下界定，即治理是或公或私的个人和机构经营管理相同事物的诸多方式的总和。

治理理论的发展分为旧治理与新治理两个阶段。在旧治理阶段，不少学者认为"治理"与"统治"同义，如英国曼彻斯特大学教授格里·斯托克（Gerry Stoker）等认为"治理"是"政治统治的方法和行动"的同义词；新治理阶段，传统的科层制统治方式受到学者们的冷落，学者们认为新治理是一种依靠网络的治理。其主要有三个特征：一是组织间的相互依赖；二是网络成员之间的持续性互动；三是博弈性互动。治理理论的发展对于传统行政与管理理念而言有着本质上的差异，主要表现为治理理论打破了重点与非重点、主要与次要的格式化模式，改变了科层制格局的等级恒定法则。之所以有着这么大的差异，只是因为传统的统治是依靠正式的权威，而治理依靠的则是对共同目标的协商与共识。

事实上，治理理论也并不是一个完善的理论，也存在一定的局限性，如治理理论存在四种两难选择：第一，合作与竞争的矛盾；第二，开放与封闭的矛盾；第三，原则性与灵活性的矛盾；第四，责任与效率的矛盾。虽然治理理论并不完善，但其在兴起与发展的过程中受到了我国学者的关注，我国学者并非直接照搬西方的治理理论而是与我国的实际结合对治理理论进行了重塑。经过多年的发展，如今的治理理论已经成功地得到了中国化的发展，并且已经成功上升到我国的国家政策层面，现如今已经是我国治国和社区治理的重要理论与指导方略。

二、善治理论

善治，是指良好的或理想的社会治理状态，是实现社会公共利益最大化的社会管理过程。强调政府与公民共同参与公共事务，是政府与市场、社会的一种新型关系，这对于社区治理而言具有重要的指导意义。善治理论与实践在 20 世纪 90 年代蓬勃兴起，正如法国学者玛丽·克劳斯·斯莫茨（Marie Klaus Smot）所说，善治包含以下四个方面：一是实现国家法治，保护公民的安全，尊重法律；二是政府的高效运作，政府机关对公共支出进行合理、公平的管理；三是实行领导责任制，领导干部要对自己的所作所为负责；四是要有政治透明度，要有公开和透明的信息，便于全体公民了解情况。还有一些学者认为，善治与中国古代道家思想有相似之处，其社会治理应当以"柔"为导向，这与道家的"柔""和"思想是一致的。

国家与社会的协同治理，即"公共治理"是善治思考的终点。善治作为一种新型治理模式，通过政府与公民合作管理公共生活，还政于民，引导公民自愿参与治理。善治使公民有更多的机会和权利参与到公共政策活动中，并能有效地保证公共政策对公共性的维护，从而达到公共利益的最大化。要实现善治，一是集体决策。集体决策是由多人共同参与决策，并制定决策的整体过程。集体决策之所以受到普遍欢迎，是因为有一些显而易见的好处：有利于集中不同领域的智慧，处理越来越复杂的决策问题；有利于充分发挥知识的优势，借助更多信息形成可行性方案；集体决策易于被广泛接受，有利于政策执行的顺利进行。二是共同参与。加强政府和社会的合作，让所有的利益相关方都参与进来，共同治理，实现公共决策的有效性，增强政府和公民之间的互动性。

三、自主治理理论

"集体行动困境"是人类实践的难题，也是社会学者研究群体行为时必然要面对的问题。20世纪70年代，美国政治经济学家埃莉诺·奥斯特罗姆（Elinor Ostrom）通过经验研究和制度分析提出的自主治理理论，在一定程度上是对集体行动困境研究的重大突破，同时该理论对于发展社区自治模式具有十分重要的意义。奥斯特罗姆认为产生传统的集体选择困境的模型假设主要有两个：一是个体之间沟通困难或者无沟通；二是个体没有改变规则的能力。而自主治理理论的中心问题是，研究一群相互依赖的委托人如何才能把自己组织起来，进行自主治理，从而能够在所有人都面对搭便车、规避责任或其他机会主义行为形态的情况下，取得持久的共同收益。

奥斯特罗姆运用制度分析的框架，提出对于一个自主治理的组织来说，必须合乎逻辑地说明一组面临集体行动问题的委托人如何解决三个基本问题，即制度供给问题、可信承诺问题和相互监督问题。制度供给问题的解决，主要依赖于面临集体行动的一群人之间不断进行交往与沟通，以建立信任与社群观念。集体行动可信承诺问题，既可以通过设计相关的正式制度来克服，也可以通过社会资本的"软方案"来实现。在总结各地成功经验和失败教训的基础上，归纳出实现自主治理的八项原则，以解决上述三个基本问题，如清晰界定边界、集体选择的安排、监督、分级制度、冲突解决机制等。

此外，西方有关自主治理的代表性理论还有关键群体理论和社会资本理论。关键群体理论认为关键群体作为集体行动中的发起者和倡导者，其率先投入行为对集体行动的出现具有至关重要的示范作用。在边际效应递增型的集体行动中，关键群体扮演承担初始成本的职责，而群体则以声誉和认同的形式补偿关键群体在承担初始成本中的付出。社会资本理论认为，社会资本指的是社区组织特征，诸如信任、规范和网络，能够通过促进合作行为而提高社会效率。

20世纪80年代，巴黎高等研究学校教授皮埃尔·布尔迪厄（Pierre Bourdieu）和美国社会学家詹姆斯·S. 科尔曼（James S. Coleman）奠定了社会资本理论的基础，美国政治学家罗伯特·D. 帕特南（Robert D. Putnam）将公民社会、社会资本与社区发展联系起来，指出对于集体行动的悖论以及由此产生的违背自身利益的投资行为，成功地超越依赖于更为广阔的社会背景，在那里任何一种博弈都能够进行。帕特南认为在一个继承大量社会资本的共同体内，自愿的合作更容易出现，这些社会资本包括互惠的规范和公民参与的网络。社会资本促进自发的合作，自愿性合作依赖于社会资本的存在。公民参与网络的主要载体是社会组织，参与社会组织有利于培养参与人合作的技巧、居民的社会信任感以及在集体行动中的责任意识。当个人属于有着多元目标和多样化成员的"横向"组织时，他们的态度将因为组织内的互动和交互压力而变得温和起来。因此，社区中大量以社会组织为载体的居民参与网络，既是社会资本产生的组织基础，也是解决集体行动监督问题的根本所在。奥斯特罗姆也指出，信任、声誉与互惠机制源于人际网络，即一群边界相对封闭的人可以自组织起来，利用社会资本建立自主治理的机制。

四、协同治理理论

协同治理理论在实质上强调的是社会管理中各个主体间的协调管理关系。其主要理论内容包括以下几方面。

一是社会管理主体的多样性。社会管理的主体除了政府行政单位以外，还应当包括社会组织、公司机构、家庭、个人等不同的治理主体，每个参与到治理中的主体之间的治理框架和目标也有很大区别，每个主体之间应该存在竞争和合作的关系。为了达到个人利益目标，单靠自己的个人资源是远远不够的，而一定要借助与其他主体之间的协同合作。与社会管理多样化治理主体相对应的是社会管理权力的多样化。政府和行政机构不应该是唯一的权威治理中心，其他参与社区治理的主体都可以在适当的范围内充分发挥自己的主观能动性，不仅如此，参与社会治理的不同主体之间还需要共同的利益和目标，只有共同的根本利益捆绑，才能促使不同主体之间保持一致的行动，积极配合，充分整合社会各界的有效资源，取得良好的社会治理成效。

二是协同性。一个整体社会体系本质的复杂化发展，从根本上就要求社会各个子系统间的相互协作，而唯有加强合作，方可达到整体社会体系的良性发展。也许在某一特定的信息交换流程中，部分治理主体可能发挥主导作用，但这个暂时的主导作用并没有以单边秩序的形态出现，反而发挥了更重要的功能，并在治理过程中与其他主体进行合作沟通。从实际出发，政府部门协同治理理论所提倡的是政府部门不再依赖强制力，而是强调应该与民间组织、企业团体、个人等达成协作关系，共同参与到社区治理事务中去。

三是动态性。社会体系是不断变动的，各个子系统也会随着社会内外部环境的变动而做出调整。在协同管理过程中，各个参与者都必须应对社会环境的改变，这大大增加了参与者间协作的风险与随机性。不同主体之间的合作不能一成不变、墨守成规，只是照搬照抄过去的经验和教训是不够的，每个主体之间必须顺应时代的变化形势，及时、积极地调整治理的措施，保障社区治理成效的实现。

四是有序性。每个不同的社区治理主体都能构成一个社区治理体系，但这个体系不是处于无序状态的，无序的状态只会导致治理的效率低下，甚至导致不同主体之间的协调合作失败，进而导致治理体系的碎片化和资源的内部消耗。当然，各治理主体的有序行为并不意味着主体之间的关系完全平等。在不同的时间和空间，每个主体都有不同的资源、不同的责任、不同的能力，在一定条件下它们的位置也会发生变化。

协同治理理论提出了多元与协同的分析框架——向基层管理现代化转型，即把"三治"融入社会治理现代化进程，通过对政策和治理机制的有效整合来实现基层自治机制、法治机制、德治机制的充分融合，以此来实现社区治理的善治和危机治理。协同治理除了主体协调外，还有治理关系的协调。协同治理既包括主体协调，也包括关系协调。区别于传统的政府部门管理模型，社会协同治理理论要求的市场主体协调，应当是由政府领导、社区合作、居民个人共同参加的多市场主体社区合作管理，经济社会管理也不应当简单地由政府部门提出政策、引导或指挥，而应当是由社区、个人等多市场主体相互协调、共同管理，整个社会也要由政府的行政领导向社区共治过渡，管理主体间的关系也应该有变化。一是法治和自治管理的关系，即如何协调好依法治村和依法治民、民主管理的关系，以及基层政府如何规范管理和正规治理的关系；二是政府部门和自治社区的关系，也就是该怎么协调政府部门对其他社区管理主体所赋予的管理权力不够与社区对其他社区管理主体的治理力量弱化相互之间的关系，以及如何培育社区和控制吸纳社会力量；三是法律与政府部门相互之间的关系，即应怎样协调治理权限的制约和赋予自由裁量权之间的关系，以及基层社区治理中存在的官僚主义和政府行政管理的关系。

"多主体治理的现代化转向"是对中国社会管理的协同化治理思想的合理诠释，它是依据我国的基本国情而提炼出来的，带有中国特色社会主义性质的制度架构。协同治理模式是新时代社区治理的创新锚向，而协同治理的基本理论框架则通过多主体合作管理的模式来完成社区管理现代化的目标转变。此外，多元化主体合作治理模式的实施，必须有一个能够有效履行全方位服务职能，避免社会管理失灵的强有力的政府，这也是现代化治理的必要基础。另外，政府也要赋予其他基层治理主体一定的治理权力，真正做到权力的下沉，避免社会、社区居委会等其他治理主体的过度行政化，这是实现治理现代化的必要前提和重要保证，多元化主体参与治理的理论在很大程度上充实了我国在社区治理方面的研究，拓宽了国家和社会层面的社区治理架构。

五、新公共治理理论

（一）新公共治理理论内涵

新公共治理理论诞生于 20 世纪 80 年代末 90 年代初，是在公共管理改革发展的基础上而产生的。爱丁堡大学商学院国际公共管理首席教授斯蒂芬·奥斯本（Stephen Osborne）等学者通过不断的研究才建立出这样一种新的治理模式。新公共治理是在多元主体相互合作信赖的基础上产生的，以多种方式来完善公共服务和政策的一种过程。

随着我国国情的多元化发展，政府治理面临诸多挑战，在此背景下，必须明确政府自身的职能，履行政府职责，做应该做的，不追求层级严明的自上而下的社会管理，而注重强调各种社会主体之间的平等交互以及平等的系统合作关系，各治理主体之间应平等以待、交互合作。更有学者强调以平等合作为中心；注重服务，将官僚主义政府理念转换为服务型政府理念，对公共治理权力进行重组，将政府的权力角色进行转换，视政府为公共治理的服务者，强调公民在公共治理中的主体地位，强调政府应进行分权化改革，并且通过法律与政策来明确主体责任，从而构建高效规范的政府管理体系。同时，引入市场竞争机制进行公共管理。

新公共治理理论的基础是网络理论与制度理论。在新公共治理模式下，需要以一定的法律制度或者理论作为治理模式有效性的根本支撑，以此来规范和促进新公共治理模式的高效运行。网络理论作为新公共治理的重要理论基础之一，起着不可或缺的作用。与传统的官僚制理论相比，新公共治理理论更多强调的是关系与信任，其中最重要的核心概念是关系资本，以民主、协商、信任等要素最为突出，这些都与传统的公共管理制度截然相反。在该治理模式下的网络结构中，重点在于不同权力主体之间的价值协商与合作，强调以多元价值共存的方式来推动公共治理。在新公共治理理论中，最核心的理念是把服务使用者放在核心位置，突出服务使用者的体验感以及服务提供过程中的共同生产与合作。

新公共治理理论倡导的"多元"治理对新时代社区治理有着非常积极的意义。在我国凸显与强化宪法作用、依法治国、政府职能转化的大背景下，新公共治理理论的功能、价值、地位显得尤为重要，显著突出了社区治理的公共性特征。

（二）新公共治理理论的适用性

新公共治理理论的核心是在社区治理中，政府是服务者，公民是主角，所有治理事务需由居民及社区组织合作完成，不再由政府一方完成。在我国的社区治理实践中，国家赋予了政府进行强制性管理的公权力，强制性权力也赋予了政府管理的权威性，强制性与权威性的光环使政府长期处于社会管理的主导与主动地位，导致政府成了社区治理的主角。随着经济和社会的不断发展，政府职能开始向简政放权、放管结合、优化服务的方面转变，单一的治理体系难以解决新时代社会存在的多元问题，传统的公共管理理论对于指导社区治理也有一定的不足之处。相较之下，新公共治理理论为解决传统公共治理困境提供了良好的理论指导与方法。

一是参与主体多元化。参与主体主要包括：政府及派出机构；社区居民，分为常住居民与流动居住居民；区域范围内的社会组织，包括各类社会团体、民办非企业单位；社区组织，包括社区自组织与居民自组织等。社区作为城镇社会的基础组织单元，具有界线非常明确的区域性，它是社会各种组织与资源、社会功能的集合，新公共治理理论明确指出社区治理不是任何单一主体的事情，是各主体之间的协调、合作和共赢的活动。在传统的公共治理模式中，政府组织是社区治理过程中唯一的主导者，基本把握了社区治理的话语权，也是治理的主要承担者，社区居民、社区组织与社会组织均处于从属被动的地位。实践表明，这种治理方式不仅耗费了大量的政府资源，治理效果也并不理想，这显然不适合当下的社区治理形势。这一点在目前的垃圾分类治理中就得到了充分的体现，事实证明，垃圾分类必须是在居民主体积极参与的情况下才可以完成，单纯通过政府文件和基层干部组织指挥是难以实现的，必须通过参与主体的平等合作才可产生良好的效果。这也显示，随着新时代社会形态的发展，社区在建设和谐社会进程中的地位越来越重要，多元主体平等参与社区治理已成为必然趋势。新公共治理理论为社区居民参与治理提供了有力的理论指导，并能有效地推进社区治理工作。

二是参与主体位置的变化。在社区治理过程中，政府、居民等主体的位置都发生了变化。新公共治理理论中关键的核心理念就是政府、居民、社区组织在社区治理中均是主体，治理的关键是各主体之间的平等合作。从新公共治理理论的意义上来说，社区治理的主体应该是在社区中具有切实利益的社区组织和所有个体，治理的事务由这些利益相关主体协商决策，在这个过程中，政府只是依法、依职责提供服务，助推社区实现自我管理目标。此时，在参与社区治理的过程中处于首要地位的是社区居民，他们是社区治理的主要力量，只有社区居民参与治理，才有可能实现社区治理的最大效度；政府机构是社区治理的服务者与协助者，提供制度保障、资源保障和资金保障；社区组织是社区治理的组织者与协从者。

六、新公共服务理论

新公共服务理论是针对新公共管理中存在的问题和冲突而提出的。该理论起源于 20 世纪 80 年代，认为传统公共管理倡导的价值观都是错误的，可能会侵蚀和破坏公平正义。新公共服务理论重点在于政府对经济协调发展的作用，提倡政府应当增加对社区治理的资金投入，这也是新公共管理理论的进一步发展。

新公共服务理论的主要思想：社区治理中政府应不遗余力地发挥的职能不是强制要求或者分配安排，而是主动的服务意识，政府要把大众的根本利益放在首要位置，共同利益不是居民个人利益的简单重叠，而是社区治理者与居民共同利益的共同体现，追求公众的共同利益也是公共管理的重要目标。政府部门在进行管理的过程中，必须凸显出服务公民的职责，以政府部门的行为管理和政策法规制定为重心，尽力构建权益共享与责任共担体系，努力获取公民的信赖，尽力给公民提供舒适安定的对话环境，使公民自由地表达权益需求，鼓励公民共同维护公共利益。新公共管理理论的追随者美国著名行政学家登哈特（Denhardt）提出，政府要实现执政能力的提升，必须将服务意识贯穿始终，将其作为日常行政行为的核心准则。

新公共服务体系主要包含四个理论：一是民主社会的公民权利论，强调民权和民主；二是社区政府与公众社会论，它强调，政府部门尤其是地区政府部门的主要功能是支持社会发展；三是后现代的公共控制论认为，公共问题的解决应该通过对话，而不是新公共管理理论所倡导的绩效评估，即通过客观衡量和理性分析来解决公共问题；四是以人为本理论，强调政府要突出为人民服务，不能只注重为企业服务。

第三节　新时代社区治理的研究对象

新时代社区治理的研究对象大体包括社区治理主体、社区治理机制、社区治理客体与内容以及社区治理方法和策略。

一、社区治理主体

所谓社区治理主体就是治理领导者、发起者、执行者、参与者。社区治理主体是社区利益的相关者，即与社区需求和满足存在直接或间接利益关联的个人和组织的总称，包括党政组织、社区自治组织、社会中介组织、驻社区单位、居民等。习近平总书记在党的十九大报告中提出，"打造共建共治共享的社会治理格局"。"共建共治共享"体现了新时代社区治理的核心思想，也体现了新时代社区治理主体的多元化。

新时代社会主要矛盾发生变化，习近平总书记在党的十九大报告中强调，中国特色社会主义进入新时代，我国社会主要矛盾已经转化为人民日益增长的美好生活需要和不平衡不充分的发展之间的矛盾。要实现平衡和充分发展就需要党组织、政府、经济组织、公益组织及人民群体共同发力。随着经济体制改革不断深化，多种所有制经济并存，经济、技术、人才资源不再由政府一家独占，其他的社会主体也掌握了大量的资源。因此，新时代的社区服务和管理不能由政府包揽，而是由多个主体共同参与。2018 年 5 月 12 日，以"跨界·共营"为主题的首届清华"社区规划与社区治理"高端论坛认为，社区规划与社区治理需要城市规划、社会学等多学科以及政府、社会组织、企业的共同合作；社区治理应该由社区党组织、居民委员会、业主委员会、社会组织、社区居民、邻里组织等组成。习近平总书记在党的二十大报告中强调，要"完善正确处理新形势下人民内部矛盾机制，加强和改进人民信访工作，畅通和规范群众诉求表达、利益协调、权益保障通道，完善网格化管理、精细化服务、信息化支撑的基层治理平台"。

二、社区治理体制

习近平总书记在党的十九大报告中从统筹推进"五位一体"总体布局和协调推进"四个全面"战略布局的高度，明确提出要加强社区治理制度建设，加强社区治理体系建设，推动社会治理重心向基层下移，发挥社会组织作用，实现政府治理和社会调节、居民自治良性互动。新时代社区治理的研究对象必然要包括社区治理体制构建和运行。社区治理的有效运行离不开科学有效的体制。习近平总书记在党的二十大报告中强调，要"完善社会治理体系"，"健全城乡社区治理体系，及时把矛盾纠纷化解在基层、化解在萌芽状态"，"建设人人有责、人人尽责、人人享有的社会治理共同体"。

科学的社区治理离不开全面、恰当的治理主体，而这些主体如何有效发挥作用，它们之间如何分工合作而产生"1+1＞2"的效果，一定离不开相应的体制机制。如果说社区治理主体是骨架和肌肉，那么社区治理的体制机制就是筋，或者说就是起到联动、协调作用的看不见的却必不可少的一个系统。

社区治理体制是指社区治理为了实现一定的社区发展目标，根据一定历史阶段的国家意志和管理原则实施治理的组织体系及运转模式，它要以社区治理的基本内容为基础，与社区的外在环境和社区发展的方向相适应，是社区治理实施的组织结构、权能权限划分和管理方式、工作方法的总和。

三、社区治理客体与内容

社区治理主体要通过一定的体制、机制发挥治理功能与作用，其功能大小及体制、机制效应如何，势必要通过解决实际问题来体现，这就涉及社区治理的客体与内容是什么。社区治理的客体与内容是广泛而不断变化的，有历史的、有现实的、有未来的、有眼前的。一般来说，社区治理的客体与内容包括社区治安、社区环境、社区资产、社区文化、社区教育等。

（一）社区治安管理

社区治安管理指在一定范围内对社会治安问题进行治理，主要是由社区治安管理主体对社区秩序、社区居民生命财产安全等问题进行治理，确保社区的和谐稳定。只有社区治安良好才能确保社区居民安居乐业，才能保障社会主义现代化建设顺利进行，才能更好地促进社区健康发展。

从微观上讲，社区治安管理主体指专门负责社区治安管理职能的工作机构及其派出机关，包括公安派出所、治安巡逻队、消防队、治安检查站等。从宏观上看，社区治安管理除了指专门负责社区治安管理职能的工作机构以外，还包括与社区治安管理紧密联系的基层政府组织和自治组织，包括街道办事处、村委会、单位保卫部门、物管以及社区群众等。社区治安管理的对象即社区内涉及治安管理工作的所有人和事。

社区治安管理的内容主要包括维护公共秩序、管理社区范围内的常住人口及流动人口、管理社区范围内的民用危险品、管理社区范围内的特种行业、管理社区范围内的交通道路、管理社区范围内的消防工作。社区治安管理的基本任务包括以公安机关、政法机关为主体严厉打击社区范围内的各类违法犯罪活动，预防社区青少年犯罪，调解社区居民各类矛盾纠纷，管理流动人口，管理社区中的问题少年、前科人员，社区居民治安防范，社区消防以及社区交通安全管理工作。进行社区治安管理的目的就是维护社区政治、经济和谐稳定，保障社区居民的人身安全、经济利益不受非法侵犯，为社区居民创造良好的生存空间。

（二）社区环境管理

社区环境是指从自然空间中用营造建筑的方式划分一定的空间，为人民服务的外部环境。社区环境是物质空间环境体系的一部分，包含物质环境和精神环境两部分。物质环境即有意识布局和排列的物质内容，如绿化、道路、设施等实体内容；精神环境即物质环境包含的文化、理念等体现居民的精神感受和心理需求的非物质内容。

根据已有的户外环境构成标准，社区户外环境包括自然地理环境、社区配套设施和社区内部环境三类。从风景园林学的专业角度来看，社区内部环境可以分为活动空间、植物景观、水体景观、道路交通四类。

第一，活动空间：居民在户外环境中的主要使用空间，人为创造边界与建筑或自然环境围合形成的公共空间和半公共空间。主要类型有入口空间、公共广场、公共绿地等。人们在空间中与自然环境亲密接触，呼吸新鲜空气，开阔心胸。活动空间主要支持居民进行体育或文化活动，产生交往，促进社会适应。

第二，植物景观：主要由植物营造的景观环境，包括植物组团、植物空间营造两类。植物的多样性和层次性是植物景观整体营造的重要评价内容，植物也是空间营造的重要元素之一。

第三，水体景观：含有自然水体或人工水体的景观空间，以水体为主，结合景观小品营造。水体景观是社区内常见的景观类型，水体可以协助创造具有鲜明风格的住区景观效果。

第四，道路交通：包括车行道路、步行道路、园路及配套设施等。其中，步行道路包括步行道路体系及周边环境两部分。

社区环境管理就是指社区中所有单位和居民通过多种手段来防治社区的环境污染和破坏，保护和改善社区居民的生活环境的过程。社区环境管理的目的是为社区主体打造安全、稳定、环保、低碳、整洁、有序的自然环境和社会环境，营造健康文明、积极向上、和谐愉快、充满正能量的人文环境以及法制健全、公开公平、健康有序、充满活力的经济环境。

社区环境管理内容包括对象内容和工作内容。社区环境管理对象内容主要包括社区自然环境绿化、社区绿色能源的使用、居家节能减耗、绿色消费方式和生活方式的建构等。社区环境管理工作内容根据社区的具体情况存在差异，但总体而言都包括以下四个方面的内容：建立完善的环境管理体系；确立专门的环境管理方针；制定专业的环境管理方案；构建环境管理监测体系。

（三）社区资产管理

社区资产主要是指产权归属社区的国有、集体所有的资产。根据这一定义，社区资产应包括农村社区集体资产、"城中村"社区集体所有资产、城市社区国有资产和社区业主共有资产。

社区资产属于一个社区的财力因素，同社区居民切身利益直接和密切相关，也是社区构成因素中最敏感的因素。这方面的管理也是最容易出问题的。社区资产管理需要做好以下七个方面的工作。第一，加快集体资产评估和产权确定工作，推动资产合理配置与流动，提高资产效用；第二，加快集体产权制度改革，规范保护、合理使用"三资"；第三，明确集体经济组织的主体职责，健全相关资产管理制度；第四，对社区资产开展清查核算工作，摸清"家底"；第五，加强集体经济审计工作，防止腐败发生；第六，引入现代企业管理制度，推进集体经济组织股份制改革；第七，加强资产管理信息系统建设，建立科学、便利、高效的资产管理平台。

（四）社区文化管理

与其他文化形式相似，社区文化也包括文化载体、文化形式、体系制度、精神诉求等要素。文化载体是物质和环境支撑，文化形式是外在表现形式，体系制度是规范框架，精神诉求是社区文化所蕴含的需求的反映。社区文化包含了以上四个要素，是在新时代城市化进程中发展而来的独立的亚文化，它产生于社区居民的长期生活和交往过程中，是独特的区域性文化，更是社会文化的重要组成部分。社区文化的内涵丰富，涵盖物质设施和非物质性的文化娱乐活动、艺术活动，甚至包括教育和职业培训、科学知识的普及等。通过社区文化可以看出某社区所在区域的居民道德观念、价值观、精神文化状态等。对此应该积极引导社区新型文化的形成，摒弃不健康文化，使社区居民形成积极向上的价值观和精神状态。

从以上角度来看，社区文化是指社区居民在长期生活和交往过程中所形成的特色鲜明的区域性文化，涵盖物质性的外在设施和非物质性的各种文化娱乐活动，是社区价值观、道德观念等的外在表现。

社区文化的营造和管理是社区治理中的重要组成部分，指的是依托社区内部和外部的资源，以社区居民文化需求为导向，充分发挥社区居民的主体作用，让社区形成自组织体系，在开展社区文化活动的过程中，探索社区居民自治治理模式。社区文化的营造和管理是一项长期性的任务，需要从多方面入手，才能保证其和谐稳定地发展。要因地制宜、针对具体问题，从精神、物质、行为、制度等方面研究社区文化的营造和管理。

精神文化的营造和管理是社区精神文化管理的重点。通过社区活动带动社区参与，激发社区居民的社区文化认同感，增强社区居民的社区事务参与意识和社区归属感，培养社区发展内生性力量。社区文化的营造和管理是社区文化管理的核心，是促进居民参与社区活动、提升居民社区归属感的有效方式。社区文化的营造和管理必须以物质文化为基础，调查民众的文化需要，充分利用各种基础设施，并组织相关活动。社区文化的营造和管理是通过行为文化来表现的，它是居民在互动沟通过程中的能动性行为，在协商和活动过程中，加强了与民众的互动，拉近了民众之间的关系。制度文化的建设和管理是社区文化营造和管理的保障，社区文化的营造和管理也要注意人文环境建设，要制定相关制度，树立制度意识，加强制度文化建设，注重活动的规范性，完善活动内部管理制度建设，为社区文化的营造和管理提供保障。

（五）社区教育管理

一般来说，社区教育是指在社区场域内实施的教育。从社会学的角度看，社区在农村一般多指行政村或自然村，在城市多指街道办事处辖区、社区委员会辖区。而在社区教育的实践话语中，"社区"既可以指区级层面，也可以指街道层面和居委会层面。

教育同社区的联系是双向的，不是单向的。社区教育正是在这种理念下诞生的，社区教育既蕴含着社会的教育自觉，又蕴含着教育的社会责任。从教育与社区的关系角度对西方现代社区教育理念进行分析，可以发现社区教育是为了社区的教育、属于社区的教育和通过社区的教育，因此，可以定义社区教育是一种为了满足社区发展需求与个体终身学习需要，基于社区参与和公民精神，整合利用社区的各种教育资源进行的教育活动。社区教育是公共事业的重要组成部分，社区教育服务属于一类重要的公共服务事项，根据中国国家标准化管理委员会2006年发布的《社区服务指南 第3部分：文化、教育、体育服务》（GBT 20647.3—2006），社区教育是指，在社区中，开发、利用各种教育资源，以社区全体成员为对象，开展旨在提高成员的素质和生活质量，促进成员的全面发展和社区可持续发展的教育活动。促进居民和社区的可持续发展是社区教育的本质要求。

广义的社区教育是指社区内所有机构或者组织、个人等开展的对社区成员产生积极影响的所有教育活动，包括正规的、正式的、非正式的教育活动，无论是学校、还是企业以及家庭等筹办的教育性活动都是社区教育。狭义的社区教育是指以社区教育办学机构（主要包括社区学院、社区学校和社区学习点等）为依托开展的各类教育与学习活动，包括讲座、游学、系列课程等，其本质特征是提高社区居民素质，服务社区发展，促进社区建设。

在新时代背景下，社区教育是社区治理的重要内容，其主要功能包括以下几个方面。

第一，提升居民治理素养，筑牢社区治理基础。和其他的教育形式一样，社区教育对人产生积极影响和促进作用是其最直接和基础的本体功能。通过开展形式多样的教育活动来满足居民个人发展的需要，从而全方位提升社区居民的素养，包括职业能力、文化素养、道德水平、公民政治素养等。显然，居民作为社区的主人、社区治理的主体之一，其相关治理素养的提升对社区治理而言有着重要的意义。简言之，社区教育对社区居民的教化功能，无疑为社区善治的实现打下坚实的基础。而居民治理素养的提升并不是一个简单的线性过程，而是各种因素在个体身上呈现出的综合性的复杂影响，是居民从学习治理的知识到提升参与的能力、参与的意识，到最终自发产生参与治理的行为的全过程。这一过程是复杂的，各种因素之间互相影响，且各阶段之间彼此交织，但都需要社区教育的引导。具体而言，社区教育应在以下几个方面提升居民的治理素养以塑造合格的现代社区公民。

首先，社区教育应促进居民对现代社区治理相关知识的学习和理解，引导社区居民进一步明确个体在社区治理中应当承担何种责任。以往社区治理中居民主体缺位是常态，很多人从未认识到自己身处于这个治理结构中并肩负重任，导致居民根本就不了解自己应该做什么、能够做什么、自身的参与又有何种价值和意义，自然就不会有参与治理的意识。社区教育应加强对相关知识和理念的传播，提升居民对现代社区治理理念、公民权利与义务、公共事务处理程序的认知和理解。由此强化居民的社区主体意识和现代公民意识，使其在拥有一定知识储备的基础上，逐渐提升自身参与公共事务协商的能力，并将知识与理念逐渐内化成为个体自发遵循的现代社区精神和公共道德原则。

其次，社区教育应从居民的切身利益出发，发掘其继续学习和参与治理的内生动力，唤醒居民的主动参与意识。社区教育应发挥其直接对接居民的优势，在把握居民发展需要的基础上，提供能满足其需求的服务，居民自然会愿意参与进来。如在新的时代发展背景下，社区居民可能面临着失业的危机，社区教育应及时响应，连同相关部门和社会组织提供居民所需要的职业技能培训，为就业提供支持和保障，增强个体抵御失业风险的能力。如此一来，社区居民的生存危机得以解决，个体的利益得到满足，对社区的认同感也会增强，其他社区工作更能够顺利开展和延续。但个人的利益和社区整体的利益并不总是完全一致的，当二者出现冲突和矛盾时，社区教育应发挥引导作用，使居民认识到个体和整体、短期利益和长期利益的关系，认识到公共利益最大化的意义，将对社区公共利益的追求也内化成为居民行动的动力。

最后，社区教育应培育社区文化，增强居民对社区的认同感，激发居民参与社区事务的热情。现代化社区正在面临着社区共同精神缺失的危机，城市社区正成为原子化个体的聚居地，冷漠的社区感情和工具性的社区关系导致理想社区的构建停留在设想层面，社区治理也难以推进和落实。社区教育应发挥其文化建设的功能，通过宣传社区的历史文化特色，增强社区居民对社区的了解。并在社区已有文化的基础上，通过开展教育活动来不断融入现代精神，和居民共同推进社区文化的创新。在这一过程中，居民之间的联系自然会不断加强，居民与社区之间的文化羁绊亦不断增强，使社区共同意识的产生成为可能，亦为社区治理提供深厚的力量。

第二，整合社区资源，协调多元主体参与。社区教育与学校教育、家庭教育等教育形式相比，有一项非常突出的优势，在于其以一个开放的系统去融合居民、政府、学校、市场、社会等力量，协调各利益主体在社区中的行动并推动他们达成合作。这种组织协调的功能在社区治理中是难能可贵的，因为在工业化和现代化的城市社区中，政府往往是作为一种过分强势的力量在主导社区整合过程，但这种整合是建立在个人对国家高度依附关系基础上的社区整合，导向的是一种"社区行政化"的结果，难以实现可持续的、有效益的社区发展。而社区教育不仅在资源系统的建设中可以开发社区内外的教育资源，还应将资源有效整合与链接以形成资源网络，并基于该网络满足居民的实际需求。换言之，社区教育应发挥协调作用，将资源、服务同居民的需求对接起来，这实际上也为多元主体的协作提供了平台。与此同时，社区成员、政府、企业等主体在社区中该扮演何种角色、身处何种地位，以及各自拥有何种权利和义务等信息早已通过社区教育活动明确传递给社区成员，使公共事务处理中的权责界定有所共识和依据。这样一来，多元治理主体就能各在其位、各司其职，共同为社区的建设与发展尽己所能、建言献策。

此外，在个体化社会的时代背景下，城市社区的异质性、流动性、开放性都在进一步增强，社区治理中面临的问题纠纷和利益矛盾数量庞杂且十分复杂多样，硬性的行政化规则显然无法提供所有问题的解决方式。而社区教育作为社区治理的重要内容，则可以通过开展以社区问题为导向的教育活动，将社区问题纳入社区治理中。在这一过程中，社区教育为居民提供表达渠道，为多元主体之间的沟通协调提供平台，使利益主体在学习和交流中逐渐达成一致，矛盾和问题自然迎刃而解。社区应不断将社区居民吸纳进来，通过群众喜闻乐见的教育方式将不断增加的社区矛盾化解于无形，培养社区共同的道德行为规范，维护社区的和谐与稳定。

第三，培育社区组织，激发社区治理活力。现代社区的建设中有一个非常关键的问题——社区自我组织能力的发展，这关系到一个社区能否具备足够的动力实现社区自治和可持续发展。社区组织的数量和质量很大程度上能说明一个社区治理的效能究竟如何。这是因为社区组织本身是由社区成员自发组织成立的，是基于共同的兴趣爱好或为了解决某一社区公共问题所建立起来的非政府、非营利型组织。因此，社区组织的活跃就代表了社区成员参与社区事务的积极性和主动性，是社区治理内生力量增长的表现。其自发性亦说明了若以社区组织来对居民进行组织管理是非常有效的，这就使居民能够以一种更加有秩序的方式参与社区治理。而社区组织在减轻政府负担的同时，能够为社区成员提供更加丰富多彩的产品和服务，并为其提供志同道合者的沟通渠道和平台，使在城市中漂泊的个体获得组织的归属感，进而增强对社区的归属感和责任感。

社区教育则在社区组织的培育中发挥着重要的作用。首先，在社区教育活动中能够产生社区组织成立的契机。无论是为了职业技能学习、文化知识学习、休闲娱乐所开展的社区教育课程，还是以特定社区问题为主题的宣传教育活动，都能够提供社区组织成立的契机，就是使社区组织的成立有所缘由，如以兴趣为基础成立网球协会、书法协会、歌舞剧团等，或以问题为导向成立生态环保小组、邻里纠纷调解组织等。其次，社区教育还能为社区组织的成立提供最初的人员储备。社区教育在提升社区成员基本素养的同时，也能够在教育活动中将社区组织的"元老"聚集到一起，并借此机会培育出组织的领导者。此外，社区组织的自发性意味着这些组织有时是比较随意散漫的，缺乏基本原则和制度规范，一个社区组织可能长期不开展活动之后就不了了之了。这显然不利于社区组织保持长久的活力，也不利于社区组织参与社区治理，因此就需要社区教育在社区组织的发展上予以指导和帮助，使社区组织能够健康成长，并引导其参与社区治理，为社区发展贡献力量。

当然，社区治理的客体与内容非常广泛，包括宗教信仰、生活习惯、体育健康、对外联系等多个方面，可谓无所不包、应有尽有。

四、社区治理方法和策略

新时代社区治理的研究对象必然包括社区治理的方法和策略。从实践角度来看，为了进一步优化和完善社区治理，可以采取以下措施。

（一）培育挖掘多元治理主体

社区治理主体是社区治理的基础，多元主体参与是多中心协同治理的基本要求，社区居民、社会组织、物业公司等部分主体参与性不强，需要我们通过多种方式加强引导，实现社区参与主体的多样化。

其一，提高社区居民参与意识。社区是"人"聚集的区域，居民是社区的主人公。如何促进居民有效参与社区公共事务，增强居民对社区的归属感，是社区治理逃不开的话题。培育居民的社区公共精神成为社区治理良性发展的必须选项。

一是深入挖掘并广泛宣传社区文化。居民认可的社区文化，是社区公共精神的重要载体。社区文化能够潜移默化地提升居民对于社区的认同感、亲密度，提高社区凝聚力，增强居民的社区参与意识。培育社区文化，要细水长流，逐步成型，如可以通过老物件、老照片展示社区的变更，唤醒居民几代人的记忆；可以举办我心目中的社区、我心中的居民公约等活动，征集居民对于社区的看法，形成居民认可的公约；可以通过建设文化广场、陈列社区成立以来重大事件展览，开展社区特有手工艺、文艺展演等给社区增添自己独特的"符号"等，提升社区文化氛围，引起居民的共鸣，提升自豪感，从而增强居民的社区意识。

二是鼓励居民组织参与社区实践。社区公共精神不是一纸空文，而是在不断的实践中磨合养成的，要从居民普遍关注、容易达成共识、乐于参与的事项入手，从居民在日常生活中反馈的需求入手，鼓励居民发现问题、参与到社区问题的解决过程中，积极营造居民参与社区治理的环境。健全完善群众性活动平台，组织开展各类群众喜闻乐见、接地气的活动，如"我们的节日"、全民健身、全民阅读、参观爱国主义教育基地、"科普知识在身边"、社区邻里节等，吸引居民群众参与，增强社区人气与活力。组建志愿服务队伍，建立完善的激励反馈机制，如积分兑换制度、"心愿墙"、时间存储器、星级志愿者评定等，激励更多人参与志愿服务活动。此外，要保障居民的监督权利，畅通举报渠道，保证居民在发现各主体履职不到位或者越位越权等问题时，可以向职能部门、社区监督委员会等进行检举，切实净化社区治理空间。

三是积极发挥典型带动作用。要对社区各先进典型加强培养和宣传，如评选文明家庭、感动人物、最美工匠、星级文明楼院等，让他们成为参与社区治理的一员，通过先进人物、好人好事潜移默化地影响全体社区居民。要细致观察、挖掘扶持"草根"领袖，将具有号召力、热心参加社区公共事务的居民团结起来，组建"金点子"队伍、智囊团，加强指导，聘请专业人才与其合作，补贴运转经费，实现合理化建议。通过特定群体的影响力，逐步提升居民的共同体意识。建立积分管理制度，依据居民参与社区自治活动的次数、时长兑换社区服务或者小礼品，增强居民对参与社区治理的趣味性、积极性。

四是组建完善的居民自治组织。住建、民政等部门以及各城镇要积极宣传业主委员会的作用，对业主委员会的身份、权利、义务进行明确，如业主委员会可以选聘、续聘物业管理公司，监督各项经费的支出，大力推动居民小区的业主召开代表大会，成立业主委员会，有效发挥居民自治组织的作用。社区要运用号召党员竞选业委会成员等形式来吸引动员居民积极参与业务会的建设，鼓励居民通过业委会表达诉求、维护社区以及业主的权益。居民也可以通过业主的民主协商，自主选择反映大多数业主愿望和利益的管理和自治模式。

其二，大力发展社会组织。按照"政府牵线搭台、社会组织唱戏"的思路，政社合作，鼓励引导社会组织提供公共服务，推动社区工作"轻装上阵"，社会组织"专业供给"，为各类社会组织和专业社会工作服务机构创造条件、搭好平台、全力支持。

一是降低准入门槛。降低社会组织准入门槛能够有效提高社会组织的积极性，部分现有的社会组织能够花费较少的精力实现组织合法化，希望注册社会组织的机构或个人也可以将想法提上日程。注册成为社会组织，不仅有利于职能部门、镇街、社区居委会摸清底数，方便对社会组织的管理与监督，而且能够提高社会组织的公信力。

二是实现现有社区社会组织提档升级。在每个社区重点打造一到两个社区社会组织，形成有社区特色的社区社会组织品牌和社区服务项目，做到"一社一品"，以先进带动其他社区组织良性发展；聘请专业的社会工作人才对社会组织成员进行有关活动策划、动员居民、链接资源等方面的培训，不断强化社区社会组织成员运用社会工作专业理念、专业方法和技巧的能力，提高服务意识和服务水平；社会组织也要积极招聘、吸纳专业人才，对于有特殊本领的社会工作人员要不限形式，也可以邀请有相关才能的社区居民参加，提升社会组织的专业度、关注度、影响力。

三是大力孵化和培育本土社会组织。要扩大社会组织资金来源，着力构建政府补贴、社会捐赠、居民出资补充的多渠道资金筹措机制，为社会组织发展提供资金保障，激发社区社会组织的活力；要建立社会组织服务机构，如北京朝阳区社会动员中心、上海浦东新区社会组织服务中心、成都市武侯区社区社会组织孵化中心等。社会组织服务机构可以对处于起步阶段或者萌芽阶段的提供公益性服务的社会组织免费提供孵化服务，从办公场地、设施等方面提供支持，并可以通过政府采购、优先选择服务的方式，帮助社会组织稳住脚步、打下基础；鼓励和支持一些企事业单位利用人力资源和物质资源的优势，开展社区养老、护理、家政、休闲、健身、文化、培训、再生资源回收等社区服务；居民也可以自发成立社会组织，居民是最了解社区所需要的服务的人群，这样成立的组织可以有效整合资源，也可以为居民提供贴心及时的服务，如在"一老一小"占比较大的社区，可以鼓励居民成立老年协会、成立"童心园"等颇具社区特色的自治组织，政府也可以运用补贴、奖励、购买等多种形式鼓励和支持社区居民成立社会组织。

四是引进外来的专业社会组织。政府要加大购买服务的力度，以奖励性、委托性、补贴性或购买性的投入方式，将一部分社区服务项目向社会公开招标，鼓励外来的专业社会组织参与到社区公共服务的供给之中，并采取项目管理、第三方评估的方式保障整个项目健康运行，实现社区服务提质增效。通过市场竞争机制这个有效的指挥棒，产生外部刺激，改变现有社区组织发展不平衡、社区公共服务质量不高、无法满足居民需求的状况，进一步激发本地区社区社会组织的潜力，促使其提升服务能力和服务质量，不断成长。

（二）理顺不同治理主体的权责关系

社区治理参与主体较多，在实际过程中要明确权力边界，不同主体做到有所为、有所不为，充分运用各主体的优势与需求的匹配度进行资源配置，才能明确定位、扮好角色，实现社区治理的良性运转。

1. 转变政府职能

通俗地讲，政府不能同时扮演搭台、唱戏、看戏、评审等多个角色，政府要明确自身职能，理顺与市场、社会的关系，转变现有工作思路与方法，建设有限又有为的政府。具体来讲，可以从以下几方面着手。

（1）完善法律法规及社区治理规章制度

社区治理效能的发挥离不开完善的法律法规的保障，从国外的社区治理经验来看，新加坡和美国政府的主要职能是为社区的发展制定全面完善的法律法规。例如，新加坡为国内不同种类的社会组织制定相对应的法律，美国政府在社区发展过程中的主要职责定位是制定完善的法律条文保障社区治理的有序运行。完备的法律体系不仅能保障社区自治功能的良好发挥，也能够为清晰界定社区治理中各参与主体的关系提供法律依据。因此，可以从以下两方面为社区治理提供法律支撑。

首先，修订和完善社区治理法律法规。依法治国，使城乡社区各项治理活动在法律的规范下运行是我们一直追求的目标。2017年6月，中共中央、国务院颁发了《关于加强和完善城乡社区治理的意见》（以下简称《意见》）。《意见》将城乡社区治理纳入国家治理的宏观范畴之内，为社区治理提供了一个很强大的介入方式和解决思路。《意见》对于城乡社区治理的主体及方式的提法，将有利推动相关立法。《意见》明确了加快修订《中华人民共和国城市居民委员会组织法》，也鼓励有立法权的地方先行立法，这无疑是非常有进步意义的。《意见》中对于业主组织在城乡社区治理体系中的地位、作用及关系提及较少，需要进一步完善。业主组织法律地位的完善，将有利于城乡社区治理体系的完善。因此，国家应着力推动《中华人民共和国社区业主委员会组织法》的立法进程，并将其与《中华人民共和国城市居民委员会组织法》《中华人民共和国村民委员会组织法》统一考量。

各基层组织还应当着力贯彻落实党的二十大关于"深入开展法治宣传教育，增强全民法治观念"的要求，深入组织开展社区居民法治素养提升行动试点工作，探索建立社区居民法治素养测评指标。推动区域性法治文化集群建设，提高社区（村）法治文化阵地的利用率和群众参与度。加强对全国法治宣传教育基地的管理，充分发挥引领和示范作用。广泛开展群众性法治文化活动，让社会主义法治精神有形呈现、有效覆盖、深入人心。以"全国民主法治示范社区（村）"创建为契机，总结经验和成效，研究提出深化意见，适时召开创建工作会议，提升创建质量。坚持和发展新时代"枫桥经验"，举办"全国民主法治示范社区（村）"法律明白人培训班，充分发挥"法律明白人"在基层依法治理中的积极作用，推动矛盾纠纷的排查化解。

其次，在法律中进一步明确细化相关内容。一是明确街道办事处在社区治理中的政策引导、人员提拔任用和资金支持的权力界限；二是明确街道办事处为社区提供的公共服务范围及具体方式；三是明确社区综合服务中心应承担的具体行政事项；四是对社区居民委员会或村委会工作人员的来源、办公场所的来源及发展经费的来源做出详细规定；五是明确社区居民委员会或村委会自治的具体事项清单；六是明确基层政府、社区自治组织、社区社会组织、社区居民、社区物业服务企业等社区治理各参与主体的职能作用和权责边界。

最后，关于社区治理的法律修订工作因为涉及的群众面广，涉及的主体多，因此要做到慎之又慎。要深入基层社区做好调研，在专家学者的指导下制定相关的法律条文进行试行，在对试行结果调研论证的基础上进行修订完善。

（2）适当放权

政府更多地要做好引导者、支持者、协调者，充分发挥政府在处理社区部分公共事务中的"旁观"角色，做好各多元主体的居中协调，为打造共建共治共享格局创造条件。政府要简化政务服务程序，市级、区级层面要将部分治理权限下放到乡街、社区，使基层治理权责对等，制定政府权责清单、政府购买服务项目清单、社区工作项目清单等，厘清各主体责任与事项，为社区治理腾出空间。

（3）减少干预

转变观念，从政府全权负责、主导的角色中走出来，减少对社区居委会的指挥，减少社区居委会负责的行政事务，让社区居委会在人财物、工作上有更多的自主权，强化居委会的自治功能。通过职能部门联席会议，对社区居委会设置的机构、功能室、张贴的牌匾、各项制度进行全面梳理，减少社区居委会日常工作中的各类会议、报表、台账，切实给社区减负。

（4）加大投入

在资金使用、政策支持、设施建设等方面，发挥主导作用，积极培育多元主体。加大政社合作，通过政府购买、项目管理的方式，鼓励社会组织承接社区服务项目。

（5）完善社区治理监管体系

社区中各主体有序参与、合作共治，实现社区健康、平稳、快速发展只是我们期望的一种理想状态。实际上，在市场经济条件下，各参与主体为实现自身的发展壮大或者追求利益最大化就可能会致使社区治理陷入无序、失范和侵犯居民合法利益的状况。因此，基层政府需要在社区治理中弱化行政色彩，同时也要加强对各参与主体的监督管理。

首先，加强对社区居民委员会的监督。作为与社区居民关系最为密切的社区居委会是居民实现自我管理的机构，其成员由具有选举权的居民选举产生。为避免换届选举过程中出现形式化、内定候选委员、民众不知情、贿选等侵犯居民权益的情况，基层政府需要发挥监督的职能，不仅监督社区换届选举的过程，对居民委员会日常工作开展、财务支出及居务公开等情况都要进行监督，使社区居民委员会在行使自治权力的同时实现运行的规范化和法治化。

其次，加强对参与社区治理的社区社会组织的监督。社区社会组织具有提供社区服务的功能，为了确保这类组织的有效运行，政府需要对其提供的服务质量、准入退出、运行制度规范等方面进行监督。具体的监督方式可以采用严格准入、动态管理、资格年检、督促落实和监督执行等方法。

最后，促进居民对基层政府的监督。通过进一步完善"双考双评"机制，强化考评结果应用。组织社区工作人员和社区居民代表对基层政府及职能部门进社区服务事项和作用发挥进行考评打分，采取积分制的方式记录考评结果，并将其作为基层政府和职能部门年底考核和绩效奖励发放的依据。倒逼基层政府工作人员转变工作作风，将各项为民服务事项做实做细的同时也能在一定程度上扩大基层社会民主。

2. 加强基层党组织建设

社区党组织是党在基层的核心力量，是各项事业贯彻落实的基础，加强基层党组织建设是打造共建共治共享格局的社会治理格局的根本保障。

（1）健全基层党组织体系

要用好街道大工委、社区大党委的职能，根据社区实际情况，着力建立街道、社区、网格、楼栋、党员中心户五级党组织体系，积极开展各项党员活动，引导党员参与社区活动，使基层党组织动起来，增强党员活跃度。

（2）构建区域化党建

加强党组织在商业楼栋、"两新"组织中的覆盖率，在辖区单位中积极组建党支部、联合党支部，发展党员，在卫生环境、文明创建、文娱活动等容易响应的领域率先开展共创共建活动，然后逐步铺开，立足区域，共谋发展，推动多元主体有效参与社区治理，提高驻地单位履行社会义务的自觉性与主动性。

（3）加强党员日常管理

要加强社区党支部班子建设，公平公正开展选举，选拔一批能说、能写、懂业务的社区支部工作人员，运用定期培训、组织交流学习、业务练兵、班子述职等多种方式提高班子的整体素质。加强对流动性较强的党员的管理，对退休老党员、退伍军人、下岗人员、流动人员信息进行及时更新，制作"党员承诺书"，推动党员带头参与社区事务，如收集社情民意、参与物业公司业委会等。落实在职党员"双报到双报告"制度，及时发布近期社区重要事项，鼓励在职党员参与社区自治，完成居民"微心愿"，参与"微课堂"讲述活动，调动党员参与社区治理的积极性。

3. 正确发挥社区居委会的作用

社区居委会是社区自我管理、自我教育、自我服务和自我监督的重要形式。社区居民会要以为社区居民提供更多样化、更贴心的服务为主要目标，千方百计做好社区服务。

（1）加强沟通

社区居委会工作人员要走到居民家中，贴近居民心中，多倾听、多了解，增进感情，拉近距离，对社区居民情况心中有数，对居民有什么样的需求掌握透彻，对居民的意见建议及时接收并给予反馈，为服务居民打好基础。

（2）建好"家门口"服务体系

要通过前期的摸底沟通，将居民需要的服务进行分类汇总，将普遍需要的服务形成共性项目清单，将个性化需求形成个性项目清单，实现项目标准化、精准化，为社区居委会日常工作提供依据，如针对共性项目居委会可以常备物料、公共产品、提供服务人员；对于个性项目居委会可以针对性了解，到户到人做好服务。此外，要支持和引进营利性服务公司，提供专业化服务，为社区居民提供更多选择，也可以通过提供场地赚取租金的方式扩充社区治理资金。

（3）提高社区居委会工作人员能力

社区居委会工作人员直面群众、服务群众，需要眼力、脑力、笔力、脚力等多种能力，他们的工作能力对于社区治理尤为重要，不断提升社区工作人员的素养及专业化水平也是一个必备课题。

目前，居委会工作人员中女性较多、平均年纪偏大、专业能力较低，在居委会工作人员招聘中要采取公开招考、民主选举、竞争上岗等方式，改善居委会工作人员的年龄结构、性别结构、专业能力，吸收更多喜欢基层、愿意服务、专业素养高的人员进入队伍。要健全培训和晋升机制，组织社区居委会工作者定期开展专业知识培训，增强社区居委会工作者联系居民、开展活动、组织协商、能写会说等各方面的能力，并将培训成果与工作考核挂钩、与晋升工资挂钩，着力建设一支能力强、素质高的专业化队伍，不断提升其服务水平和服务意识。要提高工资待遇、福利保障，留住人才、吸引人才。

（4）要完善社区各项规章制度

财务制度、离任审计制度、信息公开制度、权责清单等都要完善，促进社区居委会良性发展。

（三）搭建社区治理智能化平台

建立智能化平台是治理精细化、服务精准化的重要载体，能够推动社区多元主体协同治理长效化、常态化。

1. 建好公共服务平台

构建"实体＋网络"社区公共服务平台，实现社区居民智能终端在手，便可实现社区政务综合服务全覆盖。对于各单位已经在使用的数据系统，要通过专业的互联网信息公司及时对系统进行整合，废止部分系统，减少居民重复报送数据的次数。对于未开始使用网上服务平台的事项，各部门协同配合，邀请第三方机构共同参与，新增服务事项，逐步丰富网上办理平台，打造一个界面、涵盖多项功能、入驻各职能单位、操作简便的社区公共服务综合信息平台，医疗、养老、证件办理等各项业务的信息预约、提醒、自助查询、证照代办等服务，做到手机客户端基本完成，实现群众最多跑一次就能办完业务。通过 App、微信群、QQ群等现有载体，开发"找党组织""找居委会""找物业""找志愿者""找店铺"等模块，逐步延伸到预约服务、上门服务、网络服务和全天候服务，做到居民需求精准接收、及时处理和有效回应，实现专业化、特色化服务。

2. 推动建设多层级管理

依托云计算平台，建设信息动态感知、对象闭环监测、处置及时跟进的大数据支撑体系，实现"人在干、数在转、云在算"。明确数据总控制中心、区、街、居委会、物业的管理权限和职能范围，在保障居民个人隐私的前提下，通过治理数据联动采集，形成职能部门、街道办事处、社区居委会、专职网格员、小区业委会、志愿者为一体的管理体系，为社区居民提供更加智能化、便捷化、高效化和安全化的最后一公里服务。要及时更新系统，对由于频繁操作、信息加载过量等原因造成的"数据垃圾"，要及时清理，同时要加强系统防护，维护清朗的系统空间。此外，要及时更新居民信息、职能部门事项等内容，确保系统实用、信息有效。

3. 健全信息资源共享平台

要将各职能单位、街道办事处、社区、驻地单位等各类主体的信息进行汇总、合并，形成数据库，确保社区一户一档案、一单位一档案，对缺失不确定的信息进行核实补充，完善基础数据，为开展志愿服务活动等提供数据支撑。要善用现有的通信网络，实现社区治理数据共享。如通过社区微信公众号、社区微信群等主体，对近期社区的重大事项进行发布、对社区居民意见进行征集等。不同的社区治理主体也可以通过公众号发布信息、寻求合作、对接资源、征求意见等，不断优化治理方式和治理流程，持续开展良性互动合作。

第四节 新时代社区治理的功能及价值

社区是社会的基本单元，社区不仅给我们提供生存的地域，而且给我们提供精神享受和物质体验的空间。新时代良好的社区治理是解决"最后一公里难题"的重要途径，社区治理的好坏直接关乎老百姓的切身利益，关乎人民美好生活需要的满足程度，事关社会主义现代化强国建设的成败，事关中国式现代化的达成，事关中国梦的实现。

一、良好的社区治理有助于拉动就业

作为世界上人口第一大国，能不能解决好就业问题直接考验社会治理能力的强弱。就业问题不解决，百姓缺乏稳定的经济来源，社会就不可能保持稳定，社会问题也会随之产生。就业是老百姓生存和幸福生活的基本保证，是经济发展需要解决的重要问题。

解决就业问题需要政府政策支持，但也要充分发挥各个社区治理主体的作用。从国际经验和国内观察来看，社区蕴含大量的就业机会。社区治理中，各类组织作为社区的重要活动力量，可以开辟就业新渠道，开发就业新形式，例如，面向社区居民的技能培训、环境公益活动、社区治安的维护以及诸多休闲娱乐活动都需要社区居民的参与，这些活动蕴含大量的就业机会。良好的社区治理既可以为社区居民提供多样化的就业选择，缓解政府解决就业的压力，而且能够整合物质和人力资源共同参与和谐社区的建设。此外，社区的各个政府组织是社区经济发展的领航者、指导者、宏观调控者、服务者，经济组织、社会组织等则是推动经济建设的直接力量。社区中的各类官方、非政府组织可以帮助居民提升就业能力，他们通过组织志愿者或专业人士开展就业宣传和指导，为待业、失业人员、大学生提供就业信息，开展就业培训，积累就业数据，为政府制定就业政策提供咨询和建议。

当然，要发展社区经济、增加就业机会、提升就业质量，离不开社区治理机构的领导支持、协调和服务，离不开社区治理所创造的良好的社区环境，离不开社区资源的充分利用，否则，社区经济的发展将寸步难行。

二、良好的社区治理有助于满足居民多样化的需求

社区可以向居民提供文化、教育、卫生、社会治安等服务，满足居民多样化的物质需求和精神需求。良好的社区治理有利于持续满足居民多层次的需求，改善居民生活品质，为居民营造一个舒适、便利、安全的居住环境。

三、良好的社区治理有助于维护社会稳定

社区治理是维护社会稳定的关键所在。社区的稳定事关整个地区甚至社会的稳定，社会转型期新旧体制的转换必然会产生冲突和矛盾，良好的社区治理有助于提高社区服务质量，及时化解各类影响社会稳定的问题和矛盾，以保证社会秩序平稳有序。

四、良好的社区治理有助于提升社区精神文明水平

在 1979 年 9 月 25—28 日召开的党的十一届四中全会上，叶剑英在准备庆祝中华人民共和国成立 30 周年大会上的讲话中最早明确提出"建设社会主义精神文明"，而首次将两个文明建设正式同步提出，并向全国布置的是 1982 年的党的十二大。此后，党和国家一直高度重视精神文明建设工作，从"两位一体"总布局到"三位一体"总布局再到"四位一体"总布局，乃至到党的十八提出的"五位一体"总布局，精神文明建设都是党和国家的重要战略型工作。

社区文明是整个城乡文明的基础。当下，很多社区都积极推动精神文明建设，将精神文明建设融入社区治理的全过程，在助力不同层面、不同级别的文明单位创建中，做出了许多探索，付出了巨大的努力，精神文明创建形成了有效做法，积累了宝贵的经验，取得了显著的成效。如苏州积极推进城市社区文明建设，营造创建氛围，打造社区亮点，进一步提升了社区文明创建的整体水平，为全国文明城市创建打下了坚实的基础。该城市以宣传教育为要点，助推道德风尚建设；以文体活动为抓手，力促学习型社区建设；以改善环境为目标，建设优质理想家园；以治理服务为重点，推进社区基础建设；以创建活动为契机，打造幸福文明社区。再如，安阳安泰社区桂花居小区通过环境提升，让小区美起来；通过文化建设，让文明传唱起来；通过爱与奉献，让居民行动起来；通过多方努力，文明创建开花结果。新时代，在共建共治共享思想的指导下，各个社区精神面貌焕然一新，文明程度得到极大提升。

五、良好的社区治理有助于化解基层社会矛盾

随着改革开放的深入推进，社会的深层次矛盾和问题日渐浮现。这些矛盾和问题无论是发展中不可避免的问题，还是制度性的问题，其表现形式都很具体，且多出现在基层，表现在社区。其中包括失业人员和低收入人群的社会保障问题、弱势群体的待遇问题、空巢老人的养老问题、社区环境问题、城市化给社区带来的公共服务短缺问题等。这些问题表现在单个社区是零散的、轻微的，但聚集起来就带有普遍性的社会问题，也是社区中普遍存在的问题，需要下大力气解决的问题。如不尽早发现解决就会影响政府公信力，影响老百姓对全面深化改革的认识，不能轻视。共建共治共享的综合型社会治理要面向基层，扎根城市社区和农村村落开展工作，各类社区治理主体深入社会底层，与民众直接接触，关系密切，能够及时发现社区潜在的问题，且有疏导化解一些具体问题的热情和能力。

此外，良好的社区治理有助于消除不稳定的因素，预防违法犯罪现象。社区内部组织动员群众成立治安联防户，实行群防群治。当下街道里弄、农贸市场都有治安巡逻队员和联防队员，各居民委员会都有义务巡逻队，各居民楼都有义务安全员，驻街各单位都有保安人员和安全联络员，可以有效地开展治安防范工作，保证社区安全稳定大局。

第三章　社区治理体制

城乡社区是社会的基本单元，是社会治理的基石。城乡社区治理事关党和国家大政方针的贯彻落实，事关人民群众的切身利益，事关城乡基层的和谐稳定。随着我国社会主要矛盾发生新变化，基层社会面临诸多新矛盾，迫切需要我们积极探索社区治理体制，加快推进社区治理体系和治理能力现代化。

第一节　社区治理体制概述

一、社区治理体制

（一）社区治理体制的含义

关于社区治理体制的概念，不同学者有不同的定义。有学者认为，社区治理体制是指社区治理机构为了实现一定的社区发展目标和社区工作规划，根据一定历史阶段的国家意志和管理原则实施管理的组织体系和运转模式。它是以社区管理的基本内容为基础，与社区外在环境和社区发展的方向相适应，是社区管理实施的组织结构、权能权限划分和管理方式、工作方法的总和。也有学者认为，社区治理体制是由社区发展动力、利益主体、权力结构、运行机制和监督机制等多方面内容构成的综合性、系统性的管理制度。还有学者认为，社区治理体制是指社区管理的组织体系及其权力配置关系以及各种管理制度。

综上所述，社区治理体制是社区治理主体为实现社区发展目标和社区工作规划，根据社区环境条件和特点所构建的组织架构、权力关系机构及运作模式。它是社区组织结构、权限配置、管理方式及各种制度等诸多内容的总和。

（二）社区治理体制的内容

社区治理体制具体包括四个部分，即社区治理的组织体系、社区治理的权责体系、社区治理的法律制度体系和社区治理的工作体系。

1. 社区治理的组织体系

社区治理的组织体系是指参与社区治理的各类组织，在结构上应是多层次、多系统的网络结构。所谓多层次是指由市（区、县）、街道（镇）、居民委员会和居民代表组成的多级管理体系。所谓多系统是指由政府行政管理系统、社区自治管理系统、社区生活服务管理系统组成的横向管理体系。对于这一组织体系要根据党领导一切的基本原则，下放权力到社区，增强社区自治功能，在具体社区的组织体系中，要加强社区党组织建设，逐步完善社区成员代表大会、社区居民委员会、业主委员会和其他社会组织等社区组织建设，通过不同组织的相互合作，强化社区服务、社区保障、社区环保、社区教育等工作。

2. 社区治理的权责体系

职权划分是指依法确立政府、社区自治组织和其他参与社区治理的组织的管理职责和权限。依法确立政府在社区治理中的职责权限的关键是加快政府职能转变，应本着政府引导、社会广泛参与、政事政社政企分开的原则，加快社区社会组织的培育和发展，实现小政府、大社会的管理框架。在城乡社区，要加快理顺居委会和社区的职责关系，同时，加强社区制度建设，制定落实社区自治的具体细则，对社区成员大会、社区议事委员会、社区居民委员会以及其他参与社区治理的组织的职能、工作制度、行为规范以及评价制度进行规范。

3. 社区治理的法律制度体系

健全的法律制度体系是加强社区治理的前提。社区治理法律制度体系包括以下三个方面：一是以法律的形式明确社区各组织的法律地位和权责关系，界定它们的法人地位，赋予其相应的权利和义务，依法划定其与政府的边界。二是通过法规和规章，赋予社区各类工作委员会或执行机构一定的权力，使其可以更有效地发挥在社区治理中的作用。三是在社区层面出台相应的配套政策，建立社区各组织工作协调联系机制，保证它们之间通力合作，共同实现社区善治。

4. 社区治理的工作体系

社区治理的工作体系主要包括社区治理的内容和工作的方式、方法。现阶段我国社区治理的主要内容包括社区服务、社区医疗、社区环境、社区教育、社区保障等工作。在社区治理过程中，要坚持一切从实际出发、分类指导、从基础工作做起的原则，充分发挥党政组织在社区治理中的领导作用和宏观的协调作用，综合运用行政、经济、法律、思想教育等多种手段，有效发挥政策引导、财力支持、组织运作的调控作用，要发挥社区社会组织和社区居民的参与作用，形成共建共享共赢的治理氛围，要积极借鉴智慧社区建设的经验，运用大数据管理的优势，创新社区治理模式，提高社区治理的智能化、人性化、高效率程度。

二、社区治理主体

社区治理主体既表现为"原子式"的个人，也体现为紧密联结的组织形式。结合当前社区治理实践，社区治理逐渐显现为"一核多元"主体结构，"一核"即基层党委，"多元"即有能力为社区提供公共产品和公共服务的基层政府、街道办事处、社区委员会、驻区企业、居民等。通过文献梳理可知，国内学者更加强调党和政府在社区治理过程中的重要作用，缺少对街道办事处、居委会和其他社区自治组织及居民在社区治理过程中所起影响的研究。目前，政府并非唯一的行动者，政府正在有意识地对其他治理主体进行放权赋能，由全能型政府向有限型、服务型政府转变，调动其他社会力量和社会资源与之合作，共同进行社会治理，在此基础上形成多元主体相互依存、责任共担的整体格局。

国内许多学者认为社区治理主体的结构是大致相当的，一般可以归纳为基层党委、政府机构、社区自治组织以及居民四类。首先，由于我国的党组织是一个独立的运行组织体系，有自己的体系，自上而下实行垂直管理，所以在讨论社区党组织时，不应单独讨论社区党组织，而应结合街道党工委对二者进行整体研究。社区党组织权责内容的实质是街道党工委工作内容的延伸，其权责相似。与其他社区治理主体相比，党组织行使权力具有强制性和权威性。在实际工作中，党组织往往借助权力前置的优势，越权干预社区公共事务。其次是政府机构。在社区多治理主体体系中，政府主要负责对社区工作进行指导和监督。再次是社区自治组织。社区自治组织是社区治理主体中数量最多、类型最广的一类组织，这其中主要包括社区居委会、业主委员会、居民议事会以及由社区居民自发组成的志愿组织、文艺组织等。最后是社区居民。居民是社区治理最基层的力量，这一部分主体结构在不同的社区具体体现不同。

这里将所研究的"社区治理主体"界定为，在社区场域内公共事务的实施者和公共服务的提供者，主要包括基层党组织、基层政府、社区自治组织、驻区企事业单位、社会组织、志愿者队伍、社区居民等。

第二节　城市社区治理体制的历史演变

早在 20 世纪 30 年代，"社区"一词就已经传入我国，然而中国城市社区具体实践直到中华人民共和国成立后才正式展开。1985 年，民政部通过"社区服务"概念第一次以官方的名义定义了"社区"概念，社区开始在社会治理实践过程中不断受到重视。我国城市社区治理体制在不同的经济背景下呈现出不同的特征和不同的表现形式，关于我国城市社区治理体制的历史演变，按照时间维度大致经历了从单位制到街居制、从街居制到社区制、从社区制到多元主体共治三个演变过程。

一、从单位制到街居制

单位制是一种以高度行政化的单位组织为基础开展城市社会管理的基本制度或模式，即通过不同的企事业单位，通过强有力的社会动员，整合社会秩序，实现资源配置，满足成员需求，从而维持社会发展和稳定。单一性是单位制管理模式的主要特征，即利用行政一体化的单一管理手段，与计划经济体制相匹配。单位制起源于革命战争期间，是由党在革命根据地建立起来的、一种特殊的管理"党的革命队伍"的体制，根据地供给制就是单位制的前身。中华人民共和国成立后，为了迅速地恢复工农业生产从而使我国的经济秩序快速走向正规，我国开始施行高度集中的计划经济体制。在计划经济体制的现实背景下，单位制逐步成为我国进行社会管理的重要制度。在计划经济体制的影响下，单位可以将所有的成员吸纳进来并进行劳动分工，由单位统一对其支付薪资，并协助其提供除了基本劳动所获酬金支付以外的各项公共服务；同时为了防止城市人口膨胀，国家又采用与之相配套的户籍制度；为了保证供给，又采用了农产品统购统销制度。这种"统包统配"的劳动制度使得单位成了人民获取资源、物质和信息的重要渠道。在这种较为固定的劳动制度之下，个人的身份也被固定下来，国家采取行政手段、通过指令性的计划来管理社会和经济，单位因此成了国家进行社会管理的重要工具。同时，各单位的工资计划由国家管理，产生了独立于单位之外的行政权力来调控工资水平，使得企业和个人生产脱钩，同时国家将社会福利以非商品的形式进行平均主义按需分配，城市基本单元通过工作单位组织起来，单位制成为计划经济体制下社会管理体制的核心。可以说，单位制作为一种强有力的政治动员机制和资源配置机制，为中国国民经济和社会秩序的快速恢复和整合提供了重要保障。

改革开放以后，社会主义市场经济体制诞生并逐步取代了计划经济体制，社会流动性进一步增强。单一的所有制结构被打破，政企分开、政社分开等政策的实施使得国有企业和政府事业单位原有的体制被打破，企事业单位与行政权力在一定程度上脱离开，不再依附于政府而选择相对单独存在；非公有制经济的发展以及公有制经济体制形式的丰富导致体制外自由活动空间的产生，资金和人口流动的加快进一步瓦解了单位对员工的全方位控制。在这种情况下，单位制的运行基础不复存在，单位体制的政治功能削弱而福利共同体的功能不断加强。

二、从街居制到社区制

前文提到，中华人民共和国成立后，国家主要通过单位和居委会来实现对城市社区的有效管理，也就是单位制与街居制并存的治理体制，但总体上还是以单位制为主、街居制为辅的一种治理体制。1954年，全国人大一届四次会议通过《城市街道办事处组织条例》和《城市居委会组织条例》，由街道办事处和居民委员会两部分构成的"行政性"极强的街居体制逐步演变形成。然而实际上，中华人民共和国成立后的较长一段时间里，计划经济体制的存在导致街居制在国家政权体制中一直处于"单位制"管理的补充和配合地位，城市社区的管理主要是通过单位制展开的，而街居制是"单位体制高效运转的辅助机制"。改革开放后，单位制存在的客观条件发生变化，直接推动了单位制的瓦解，街居制在城市社区管理中的地位和作用才得以逐步显现。

1980年，《城市街道办事处条例》和《居民委员会组织条例》重新公布，街道办事处以及居民委员会的职权得到恢复与发展。主要表现为：一是管理对象范围不断扩大，业务的进一步拓展导致街道办事处以及居民委员会管理对象范围进一步扩大，并开始逐步承担为辖区内全部居民和单位提供公共产品和公共服务的责任，这里的居民不仅包括正式居民还包括一些常住的非正式居民；二是工作内容的不断拓宽，城市管理体制改革和社区多元化发展推动居民需求的多样化，居民和单位对公共产品和公共服务的需求不断增加，街道办事处和居民委员会面临的工作任务也不断增加，既要尽可能地提供公共产品和服务以满足社会需求，又要落实上级政府交付的任务；三是街道办事处和居委会逐步成为政府的派出执行机构，政府实际上垄断了城市社区发展过程中的绝大部分资源，并通过权力下放将权力赋予街道办事处和居民委员会。在这样的治理体制下，社区居民和社会组织等其他主体几乎没有参与社区治理的机会，街道办事处和居民委员会实际上成了城市社区治理的唯一主体。

然而，随着居民自治意识的不断觉醒和改革开放的不断深化、城镇化和工业化的飞速发展，以及人口的大规模流动导致我国基层社会治理出现了许多新问题、新矛盾，具体表现为：第一，职能超负荷，随着单位制的全面瓦解、社会老龄化、人口流动数量激增等一系列问题的出现，街道办事处和居委会工作数量越发增多，造成严重超负荷的状态。第二，虽然工作量日益增大，但街道和社区手中的职权却非常有限，很多事情就形成了看得到、摸得着却管不了的无奈，就使得社区居委会的工作变得非常被动。除此之外，社区居委会所处的地位也相当尴尬，居民认为社区是政府的下属部门，实际上社区所承担的工作也的确是政府下发的工作，社区自治的功能被边缘化，因此就很难使居民有主体参与感和责任感，很多工作也得不到居民的认同，造就了社区居委会现在处于两难的境地。在此背景下，社区制应运而生。

三、从社区制到多元主体共治

为了进一步完善社会主义制度，不断提升国家治理社会的效能，党和政府采取以社区为依托的全新管理服务方式。2000 年，国务院办公厅转发了《民政部关于在全国推进城市社区建设的意见》，政策的指引使得城市社区建设在全国大范围开展起来。社区制在总结和继承单位制和街居制基本经验的基础上，结合我国城市社区治理的现实情况，以社区为基本单位，通过规范社区的组织结构、责权划分、管理方式、运行机制和工作制度等内容，铸造以服务为核心的整体目标，不断为城市社区的协调发展提供保障。社区建设在全国范围内的蓬勃开展推动了我国的城市社区建设，从而进入了"整体推进、全面拓展"的全新发展阶段。

第一，从管理到服务。与单位制、街居制注重"管理"不同的是，社区制更加注重服务。现代企业社区制度的改革和产业结构的调整，自由资源和自由活动空间的大量产生，使政府在治理的过程中无法通过单位、街道办事处或者居委会对人民生产生活的方方面面进行全面控制。治理更加注重针对社区居民的异质性进行不同分类，充分尊重个体差异性，针对不同群体的特点和要求提供公共产品和公共服务，从而提高人们社会参与的自觉意识。

第二，居民参与积极性提高。人口的大规模流动促使城市社区居民人口不断增加，单位制的瓦解导致越来越多的居民回归社区。利益的多元化催生居民在社区中的主体自觉性，居民迫切地想通过参与社区公共事务的决策提高自己的话语权来追求自身利益最大化。社区制将社会治理的目标变成以人为本，居民逐步成为社区的主体，居民的合理正当需求成为社区发展的终极目标。

第三，多元主体共同参与。市场经济的蓬勃发展催生了多元利益主体的产生，多元主体生活在社区，对社区治理的需求不断增加，然而仅凭街道办事处和居民委员的力量却无法继续满足社区居民以及其他主体日益增长的治理需求。要弥补基层政府和居委会在社区治理中的这些缺陷，必须转变原先"上传下达"的角色，减少行政色彩，使居委会回归居民自治组织本色，以治理主体的身份，与政府组织、居民、社会非营利组织等一同参与到社区治理中来，发挥多元主体治理优势，促进多元利益主体各司其职、通力合作，提高社区发展的整体水平。

多元主体共治基于我国城市社区治理的实际需求变化，是我国基层社会治理实践过程中的必然选择，具有现实的重要性和必要性，具体表现如下。

第一，传统治理无力破解城市社区治理中出现的新问题。随着社会主义市场经济的不断发展，城市社区也在不断地发生着巨大的变革，单纯依赖于单一的政府管理方式已经不能满足我国的城市社区管理需求和现实需求。一方面，我国经济持续稳步发展的同时，改革进一步纵向深化，城市社区的动力机制、利益机制和资源共享机制也面临着重建调整等一系列的问题，城市社区治理过程中的矛盾日趋复杂化，导致城市社区治理难度不断增大；另一方面，随着人们生活水平的不断提高、社会经济的发展，原本单一化、同质化的生活模式已经被打破，民众需求的多元化推动价值观的多样化，治理的复杂性也使政府一元化管理面临诸多问题与挑战。由于政府不可能无节制地吸纳越来越多的工作人员加入体制，仅仅依靠政府的单一力量已经无法满足城市社区发展过程中日益增长的治理需求。国家及其政府在经济和社会问题日趋复杂的情况下，面临着越来越多的挑战，国家与社会的关系进入一个新的转折和重构时期。

第二，多元主体共治具有现实可行性。治理模式具备现实可行性是治理理论向治理效能转变的关键。多元主体共治在主体、制度以及价值基础等方面具有现实的优势基础。首先，多元主体共治具有主体优势，不同主体拥有不同的资源优势和不同领域的专业能力，可以各自发挥作用。其次，多元主体共治具有坚实的制度保障，从党的十八大以来，中央政策多次明确规定治理主体的多元化以及多样性。这就证明，"共建共治共享"社会治理制度的生成是以我国社区治理的现实为基础的，切合我国的基本国情和国家发展客观形势。最后，多元主体共治具有深厚的价值基础。以人民为中心是我国治理现代化的价值要求，多元主体共治彰显了"为了人民""依靠人民"的价值基础，推动城市社区治理聚焦人民群众的需求，把牢人民这一根本属性，才能使多元主体共治成为可能。

第三节　农村社区治理体制的历史演变

大厦之成，非一木之材也；大海之阔，非一流之归也。我国农村社区治理制度变迁并非一蹴而就的，由前一种治理模式演变为后一种治理模式的过程中，期间要经历或长或短的新旧形式并用的时期，随着新旧治理模式此消彼长，最后完成转换。此外，由于我国幅员辽阔，民族众多，因此，在实际治理过程中，已经消失的村治方式悄然复兴甚至在部分地区逐渐占据主导地位的现象依然存在，但忽略这些特殊情况，我国农村社区治理模式的发展脉络还是相对清晰的。

在古代社会，宗族是宗法制度、宗法社会的原生体，它作为一种社会组织，出现得最早，延续得最久，影响最广泛。宗族制以血缘关系为基础，以父系家长制为核心，以大宗小宗为准则，按尊卑长幼关系确定封建伦理体制。中国宗族制度在夏商周时期逐渐形成，至秦开始，在之后长达两千多年的封建社会中，宗族制度以地缘关系为依托，以古代社会"皇权不下乡"为契机，聚族而居，扎根于农村社会，不断发展和完善。宗族制度作为封建权力体系的重要补充，从某种意义上看也可以说是皇权的延伸形式，直到1911年清王朝覆灭之前，宗族在乡村治理中一直扮演着正式治理者的角色，宗族制度几乎与封建制度共存共生，宗法与国法相互补充、相辅相成。1911年辛亥革命推翻了清王朝统治，封建社会宣告结束。1912年中华民国临时政府成立，资产阶级民主共和制度取代了在我国存在两年多年的封建君主专制，宗族的功能受到了限制，并逐渐沉寂，新的国家政权打破"皇权不下县"的基层权力运行模式，农村基层政治结构发生显著变化。国家政权开始向县以下的乡村不断衍生，维系数千年的农村宗族制的伦理社会遭受极大冲击，村治的合法性逐渐消逝，但由于中华民国是一个过渡性的社会组织，新旧并存，因此民国时期的一些村治措施缺少延续性和成熟性，新的治理模式在探索与试错中不断孕育与消亡，部分政策往往只在部分省市或特定时间适用。

在经历漫长的治理变迁后，中华人民共和国的成立开始为我国农村社区治理注入新的活力和动力，中华人民共和国成立后数十年间，我国农村社区治理体制的演变主要经历了以下三个时期。三个时期延续的时间长短不一，总体而言，随着社会变革进程加快，农村社区治理方式的变革也越加快速和合理。

一、中华人民共和国成立后的社会主义乡村治理体制

1949 年 10 月 1 日，中华人民共和国成立。无论是从国家性质还是国家政权组织形式来看，中华人民共和国都大不同于以前的历朝历代，但有一点不变的是，农村地区治理依然是国家的工作重心之一。在党和政府的领导下，我国农村社区正式进入以行政村为载体的"行政化管理"时期。需要强调的是，我国农村社区进行行政化治理并非一蹴而就或者凭空而造、充满随意性的，而是基于当时我国农村社区的现实需要，并且有先前的相关经验可借鉴。由于当时我国刚经历了多年的战乱，农村经济凋敝、百废待兴。为重构乡村治理秩序，振兴乡村发展，稳定新生政权，必要的行政干预必不可少。此外，加强对农村地区的权力渗透，实现农村社区的有效治理，在中华人民共和国成立之前我党便已逐步实施，并取得一些成功经验，如在 1937—1945 年期间，中共领导人为了改变传统农村的治理格局，强化了对农村的治理整合，开始加强对广大农村的权力渗透。在陕甘宁边区的农村，通过党组织的直接领导，促进乡村选举，完善农村政权建设，农村社区发展逐渐完善，村民生活日益富足。正如 1944 年 6 月陕甘宁边区向记者参观团提供的《陕甘宁边区建设简述》中所提及的："十多年前这地方的境况是：军阀争夺，土匪横行，苛政如虎，烟毒遍地，民不聊生，荒凉满目。"多年来在中国共产党的直接领导下，普通百姓开始过上丰衣足食、和谐快乐的生活。这在一定程度上也为中华人民共和国成立初期对农村社区实行"行政化管理"奠定了理论基础。

1950 年 12 月至 1951 年 4 月，当时政务院相继颁布了《区各界人民代表会议组织通则》《区人民政府及区公所组织通则》《乡（行政村）人民代表会议组织通则》《乡（行政村）人民政府组织通则》《关于人民民主政权建设工作的指示》等政策法规，依据这些法律法规，我国普遍建立了区、乡（行政村）人民政府。到了 1954 年 1 月，在《关于健全乡政权组织的指示》中规定，地区辽阔、居住分散的乡以及乡以下可由若干自然村分别组成行政村；同年 9 月，中华人民共和国的第一部《中华人民共和国宪法》（下简称《宪法》）中明确规定了我国农村基层政权为乡、民族乡、镇。1955 年，乡、行政村统称为乡，行政村成为乡政府的辅助机关，直接受乡政府领导与支配，村干部由上级政府任免，并以贯彻执行上级政府指示为主要工作内容，农村社区在国家权力主导下逐渐进入了一

段较为快速的恢复期。直到 1958 年之前，行政村一直以我国一级政权组织形式的模式运行。

此阶段，除了农村社区治理行政化特征明显之外，农村经济发展也逐渐被行政色彩渲染，发展农村经济合作组织逐渐成为乡、村两级党政组织的具体职能，村级组织在推进合作化的过程中，成为安排合作生产计划、组织生产劳动的领导者，使其具有浓厚的行政色彩。同时，这种全方位管理组织模式也为农村"公社化管理模式"构建奠定了基础。

1958—1978 年，我国乡村治理模式经历了前所未有的重大变革。在此时期，中华人民共和国历史上首个以"党政合一""政社合一"为主要特征的高度集权的乡村治理模式正式登上历史的舞台。但在短短的 25 年后，这场巨大变革便逐渐消失了。

二、改革开放以来的"村民自治"体制

1978 年 11 月 24 日，安徽凤阳县小岗村所采取的"分田到户"政策拉开了我国乡村治理改革的序幕，借助同年 12 月 18 日改革开放政策的实施，家庭联产承包责任制在全国快速推行。这种新的土地所有权分配模式彻底改变了原先村民和生产队之间的关系，同时也导致一些地方基层组织体系处于瘫痪状态，农村社会面临公共产品供给短缺的问题。

为了维护村里治安和维持农村生产秩序，1980 年 2 月，广西宜山县（现为"宜州市"）合寨村成立了全国第一个村民委员会，开创了中国基层农村村民自治先河，很快村民委员会这一组织形式的影响逐步扩大，延伸至全国范围。到了 1982 年，五届全国人大五次会议通过了新的《中华人民共和国宪法》，其中正式明确了村委会作为群众自治性组织的法律地位，至此，村民自治得到了法律保障，同时也意味着农村基层组织生产大队的体制被村民委员会所取代。

1987 年 11 月 24 日，为了保障村民自治权利的有效实施，在第六届全国人民代表大会常务委员会第二十三次会议上再次通过《中华人民共和国村民委员会组织法（试行）》，此部法律在总结基层农村自治实践的基础上，用法律的形式系统地规定了我国农村自治制度的基本内容，同时赋予我国广大村民群众直接行使民主权利，依法办理自己的事情，创造自己的幸福生活，实行自我管理、自我教育、自我服务的权利。村集体意愿成为农村社区治理和发展的出发点和落脚点。

1997 年，"四个民主"被写进党的十五大报告，村民作为社区的主人，参与治理的积极性空前高涨。1998 年，《中国人民共和国村民委员会组织法》（下

简称《村民委员会组织法》）审议通过，村民自治正式走上规范化道路，村民自治权利得到进一步加强。

此后，村民自治制度不断完善和创新，村民自治深入人心。实践证明，村民自治是一条化解农村社会矛盾、解决农村社会问题的有效途径，其大大激发了村民的主动性、创造性和当家作主的责任感。正如习近平总书记指出的："脱贫致富终究要靠贫困群众用自己的辛勤劳动来实现。没有比人更高的山，没有比脚更长的路。"

三、新时代的农村多元合作共治体制

如今，随着农村公共服务供给不断完善以及村民利益诉求不断多元化，单纯依靠村民自治开始难以适应农村社区治理现代化的需求。因此，党的十九届四中全会明确提出要构建"人人有责、人人尽责、人人享有的社会治理共同体"，为乡村治理创新指明了新的方向，我国农村社区治理模式迎来新的嬗变，即向政府主导作用下的"多元共治"发展转变，以推动政府与村民关系的现代转变，推进农村社区治理体系与治理能力的现代化，最终实现农村社会的"善治"。但与此同时，邀请多个主体共同参与农村社区治理必然会出现不同主体间权利、利益等协调困难等问题，因此，实现农村社区的"三治"融合至关重要。2017年，党的十九大报告中强调：加强农村基层基础工作，健全自治、法治、德治相结合的乡村治理体系。中共中央办公厅、国务院办公厅于2019年印发的《关于加强和改进乡村治理的指导意见》中指出：以自治增活力、以法治强保障、以德治扬正气，健全党组织领导下的自治、法治、德治相结合的乡村治理体系，构建共建共治共享的社会治理格局，走中国特色社会主义乡村善治之路。

自治、法治、德治"三治"融合，将有效发挥乡村治理主体的最大能量，最大限度地激发农村的发展活力，有利于更好更快地推动农村社区治理向现代化迈进，以实现乡村全面振兴发展。因此，实现"三治"融合成了当前农村社区治理的基础条件和必然要求。

乡村治理是国家治理的重要组成部分，村民自治在乡村治理中处于基础性地位。2022年，党的二十大报告中指出："健全基层党组织领导的基层群众自治机制，加强基层组织建设，完善基层直接民主制度体系和工作体系，增强城乡社区群众自我管理、自我服务、自我教育、自我监督的实效。"这就为未来在基层治理中如何发挥自治作用指明了方向。

第四节　新时代社区治理体制的新发展

社区是社会治理的基础平台，已日益成为各种利益的交汇点、各类组织的落脚点以及各种矛盾的聚集点。在实践中探索成功的社区治理模式，积极推动社区治理体制的创新发展，采取多种举措完善社区治理，协调多种力量参与社区建设，以期实现政府治理与社会调节、居民自治的良性互动。下面将从城市和农村两方面对新时代社区治理体制的创新发展状况及相关举措进行具体阐述。

一、新时代城市社区治理体制的新发展

社区的管理能力与服务功能奠定了社会治理的基础，因此完善城市社区的服务功能、创新社区治理体制是推动社区治理走向现代化的必由之路。具体来讲，新时代城市社区治理体制的新发展体现在以下几个方面。

（一）基层政府简政放权，实现主体间的良性互动

新时代的社区治理主体呈现出多元化发展的趋势，既包括基层党组织、社区居民自治委员会等基层群众性自治组织，也包括社区中介组织等介入社区具体事务的社会力量。这表明，新时代的社区治理是一个社区增权的过程。

改革开放以来，我国的社会建设发展取得了重大成果，社会管理已不再是过去高度集中统一的行政化管理模式，但基层政府职能"越位"问题没有完全解决，习惯性包揽一切、"政社不分"、"以政代社"等现象依然存在。虽然社区治理自治化、法治化、民主化是各治理主体力争的目标，但基层群众性自治组织发育不良、被边缘化，并逐渐对基层政府产生"全面依附关系"也是事实，现就此问题提出以下几点对策。

1. 重心下移，权力下放，科学界定政府职责

新时代党中央对城乡社区治理提出了极为明确的要求和指示："加强社区治理体系建设，推动社会治理重心向基层下移，发挥社会组织作用，实现政府治理和社会调节、居民自治良性互动。"借助推拉理论来分析，我国的城市社区治理有政府自上而下政策规划的推动力，这是社区治理的行政保障，但同时也有来自社区自下而上发挥基层主观能动性的拉力。

政府应当将重心下移、将职能下沉，树立正确的政绩观，将权力下放给基层群众性自治组织，使得政府工作真正实现制度化、法治化、规范化。

2. 强化基层政府组织建设, 推进"大部制改革"

在此背景下, 基层政府"简政放权"显得尤为必要, 要下放权力以充实基层基础工作, 同时也应简化基层政府的组织机构, 做到明确职责, 事半功倍。在此基础上, "大部制改革"的行政思路应运而生。大部制从性质上来说属于一个超大型政府组织体系, 是政府多个职能合并、对社会事物进行综合性管理、各部门之间实现深度协调的过程。最显著的特征就是一个部门管理多个业务, 其中有一个业务是核心业务, 其余的和核心业务有关的业务全部纳入该部门的管辖范围之内, 由该部门全面对此管理, 这种方法能够避免政出多门, 也能够改变多头管理带来的弊端。大部门体系和机制相辅相成。大部门体系是由核心行政决策中心及其办事机构、综合性政府部门和专门执行机构三要素构成的政府组织结构。大部门制的本质是一种政府治理模式。街道办事处和社区是城市管理工作的基础与单元, 基层政府工作的效率直接影响城市社会治安的稳定。因此, 新时代的总要求是优化基层政府机构设置, 为社区治理提供强有力的组织保障。

3. 减负增能, 提升社区居委会凝聚力

新时代社区居委会的发展和建设应适应"减负增能"的要求。"减负"即减轻社区居委会的职责负担, 无论是基层政府还是居委会都应当依法、依规办事; 同时, 建立政府工作绩效考评一体化机制, 减少对居委会的相关考评, 为社区自治工作留足时间和空间。"增能"即指增强居委会工作人员的工作能力, 通过国家和地方政府的人才政策来改变现存问题, 加强队伍建设, 切实做好工作人员的专业能力教育培训工作, 努力实现工作人员"年轻化""专业化"; 同时, 与时俱进更新工作方式, 为提升社区工作效率提供便利。社区居委会是实现社区自治、善治的中心, 因此在新时代, 我们必须对社区居委会予以充分重视。

4. 优化城市社区治理中的多元主体互动

从社会治理和社区发展的趋势来看, 社区已经逐渐成为居民参与政府决策、表达自身利益、进行社会交往的组织共同体。构建有效的多元主体互动格局是促进社区治理民主化、现代化的一个历时性课题。有效的社区多元主体互动格局应该是由具有公共理性、公共精神的主体, 在公共责任承担、公共利益表达的过程中所形成的既能包容个体间的差异性, 又能促进个体在多样性中达成共识的行为过程。基于深厚的理论基础和现实实践, 我们仍可以为优化城市社区治理中多元主体互动提出几点有益的建议。

（1）建立多元主体参与社区治理的互动规则

第一，健全社区居规民约体系。将城市社区治理中多元主体互动纳入制度化渠道，是城市社区实现治理能力与治理体系现代化的必然要求。实现多元主体互动的可持续性必须以相关的制度规范为约束。现阶段，有必要参照农村乡规民约，探索城市社区的居规民约，根据社区治理实际情况，更加细致地明确社区不同治理主体的角色和地位，鼓励跨部门、跨组织共同研究与制定社区主体准入制度、参与事项目录、互动规范等，提升多元主体参与社区治理的积极性。

第二，平衡多元主体权责关系。随着城市居民受教育水平的普遍提高，传统的以政府精英为核心的治理模式已经逐渐转变为多主体的全过程参与，社区中的非政府主体对获取政治权利的需求日益迫切。但目前我国居民参与城市社区治理的各项权利仅有文本上的原则性规定，缺乏强制性和权威性，使其在实际中常流于形式。同时，《城市居民委员会组织法》《街道办事处组织条例》《物业管理条例》《全国城市社区建设示范活动指导纲要》等现行法律制度亦具有较强的笼统性，使其在具体操作和执行中存在差异，并且尚未对各主体的权力、责任进行明确界定和说明，严重影响了主体互动的实际效果。因此，要进一步完善和细化多主体互动的一般性原则和程序，制定可操作性强的城市社区多元主体互动制度和法规，以优化社区治理秩序，重构社区主体间权力—利益关系，推进社区多元主体在社区治理各环节、各领域进行长效、持续互动。

第三，建立互动评估激励机制。一方面，推进社区主体互动考评常态化。从互动主体、互动过程等角度，对互动议题选择、互动规则、互动程序、互动结果、互动反馈等全环节进行评估，形成科学有效的社区多元主体互动评估体系。通过对社区居民开展民意测评，将居民对社区互动效果的满意程度纳入社区治理的考核绩效指标，激发工作热情。另一方面，重视物质和精神双重激励。对尽职尽责、民意测评满意度高的社区工作人员要适时进行表彰，在动员多元主体参与互动时要有鼓励性、奖励性办法，以提高主体参与互动的主动性。同时还要积极宣传，选出优秀典型人物，发挥榜样作用，在社区营造良好的互动环境和积极的沟通氛围。

（2）培育多元主体参与社区治理的互动共识

第一，营造多元主体互动的社区文化。多元主体的积极参与是主体互动的前提，提高主体参与社区治理的积极性、主动性最根本的是要增强对社区的认同感和归属感。目前，我国许多社区都呈现出主体参与热情不高的情况，这一部分是由于主体教育背景、自身素质参差不齐，但封闭型的社区文化才是导致这一现象的症结所在。社区文化治理体系是社会生活共同体建设的核心议题，无论政策引导还是社区自主意识培育，每一个层面都与社区文化的培育关系密切。因此，社区文化的发展不仅要承接政府文化领域的意识形态，突出当前社会发展的主流价值观念，而且需要体现不同社区文化共同体的特色，让社区文化成为多元主体展现生活风貌、激发活力和文化创意的主场地。

一方面，积极培育"平等合作"的社区文化。社区是不同主体共同进行生产生活、利益表达的共同体，需要合作行动，任何一方的不平等都会导致互动失效，这也正是协同治理理念在主体互动中的体现。另一方面，积极培养"邻里和睦"的文化。和谐的互动胜于冲突的对抗。邻里关系和邻里网络是在居民日常生活交往过程中潜移默化形成的，植根于邻里的情感联系，是社区中最亲密的关系网络。邻里关系和邻里网络的和睦情况直接关系到社区和谐与主体团结，因此要建立友善和睦的邻里关系，努力营造守望相助、和睦相处的邻里文化。

第二，提高互动主体的代表性。社区主体构成的多样性，以及年龄、职业、受教育程度、社会地位的差异，导致互动主体代表性不足甚至缺席是目前社区治理的最大问题和难题，如果没有一定数量的互动主体在场或者到场的互动主体代表性不足，互动就难以开展，效果也难以保障。因此，有必要采取多种措施，解决互动主体代表性不足的问题。一方面，应进一步吸引高学历人才扎根社区治理，提高驻区企业、共建单位、"双报到"单位等社会组织的进入门槛，吸引更多优秀的大学生到社区工作，提高社区干部教育水平，从而提高互动主体的整体素质和能力。另一方面，建立互动主体的"6+X"组成模式，"6"即社区工作召集人、居委会委员、党员代表、群众代表、企事业代表、相关部门公职人员。这六类人员为社区治理的主体和必要组成部分，"X"为利益相关方代表和与协商议题有关的其他人员，如专家学者、职能部门人员等，可以根据每次互动议题的具体需要进行调整，体现广泛性和代表性。

第三，加强对互动主体的培训。互动共识的形成在很大程度上取决于主体的积极参与，目前我国城市社区治理多元主体参与水平不高是一个普遍问题，解决这一问题的途径有很多，培训是最有效的办法之一。一是在社区动员和主体自愿的基础上，选择培训对象，加大对培训的专项资金投入，提高培训师资质量，探索线上、线下多种培训方式。通过讲解和宣传，使多元主体树立主人翁的意识，不断增强多元主体参与社区互动的积极性和主动性。二是推动居民议事协商能力提升培训会议常态化，强化居民议事协商意识，以党建引领为方针指向，促进社区治理的有效性、高效性、及时性。三是在社区搭建学习交流平台，进行经济、政治、法律、文化、沟通协调、心理调适等方面知识的培训，借助培训与交流，引导参与协商的各方树立正确的大局观念，理性表达诉求，认真负责地提出建议，注重在拓宽多元主体参与途径的同时，保证互动质量，加快多元主体互动的发展普及，推进参与型、共治型社区的稳步建成。

（二）推进社区网格化治理

较于传统的社区治理模式，网格化治理在观念、结构、技术等方面进行了积极的探索，是一种跳出原有思维模式和眼界的创新，对之前采用的社区治理方法进行了方式和方法的提升，而不是一种根本的替代。它是通过网络建设，将城市区域视为一个独立的整体，对社区组成元素进行协调，通过大数据平台，为当地提供人力、物力支持，提高服务质量和服务效率。从本质上来说，充分发挥政府"放管服"的作用，将其应用于基层，并进行深入拓展，合理规划民生资源，能够积极影响政府部门做好权力与责任、发展与民生四方面的协调，使社区顺利地从管理型转变为服务型。

社区网格化治理首先突出了技术应用在治理过程中的价值，城市社区网格化治理在一定程度上改变了社区治理信息收集、传递、整合的方式，改变了基层社会管理流程，提升了社区治理效率。而多元参与、协作共治等社区治理深层内涵，社区服务理念和服务质量提升等方面则不会随着技术、流程改变而很快更新或发展。事实上，城市社区网格化治理还有提升的空间。

针对城市社区网格化治理模式的优化路径主要涉及以下几个方面。

1. 完善网格职能

（1）明确角色定位

城市社区网格化治理的本质为多部门联动、网格统筹治理。对此，针对特定领域、行业、区域、群体的管理服务，打造"专属网格"的规划设置，对实现整个"全科大网格"的治理效能和治理目标至关重要。"专属网格"是全科大网格进一步延伸，根据服务的对象、群体、领域的不同，进行专业化的分类管理。结合实际，建议划分为四类。

第一类是企业园区网格。企业园区网格的设置原则为，在工业园区、产业园区等企业密集区域建立，每个企业园区网格单独配置具有企业服务经验、工作协调能力强的驻企服务员（企业服务网格员），负责网格内企业的手续办理、安全生产检查、生产经营需求、助企政策讲解等工作，同时街道派驻应急管理方面的工作人员担任兼职企业服务网格员，为企业的安全生产和环保工作做好指导。

第二类是商业街区专属网格。在商业密集的街区设立商业街区专属网格，在网格内配置专职的网格员，并在商户业委会人员中选任兼职网格员，发挥兼职的网格员在商户业委会工作中的经验优势，对商业街区出现的顾客与商户间的矛盾、商户与商户间的矛盾进行有针对性行的协调化解，维护商业街区的稳定。

第三类是市场专属网格。在农贸市场、五金市场、建材市场等各类贸易市场建立市场专属网格。依托原市场管理办公室，将管理人员纳入市场专属网格，形成交叉任职。突出市场网格自治的特点，进一步强化市场网格员的治理作用。通过网格员的巡查、走访，及时将商户诉求上报二级网格管理分中心，协助商户做好商品检查、货物溯源、环境卫生等工作，及时化解矛盾纠纷，维护好顾客和商户的合法权益。

第四类是单位专属网格。在地域范围和人员数量达到一定标准的单位，包括大型医院、学校、企业等，设立单位专属网格。此类网格由街道派驻专职网格员进驻单位，作为联络网格员，及时传达地方与单位间的信息。同时，选任单位内部管理人员担任专属网格兼职网格员，真正形成地方与单位的在社会治理中的共驻共建、通力合作。

（2）强化人财物保障

网格化治理的创新和长效发展，与人才的供给和后勤的保障有着莫大的关系。

第一，注重网格员的培养和引进。将基层社区治理一线作为培养锻炼干部的重要平台，树立鲜明的选人用人导向，从上级机关（特别是专业性强的部门，如城管执法、公安干警、生态环保、应急管理、信访维稳、基层党建、卫生健康等）和街道择优选派干部到社区、网格挂职，通过选用高素质、高层次、高水平人才进入网格员队伍，全面提升网格解难办事的水平和能力。

第二，健全社区网格员管理激励机制。区级设基层社区治理专项经费，由街道根据管辖范围大小和网格员队伍情况统一进行专项资金申报，用于保障网格员激励奖金的发放。

第三，抓硬件投入。结合街道社区党群服务中心标准化建设，推动社区办公服务用房和网格办公场所达标升级。同时，街道要进一步加大社区经费保障力度，除了社区工作经费、社区党组织工作补助经费之外，每年为每个社区新增网格管理服务经费。针对各社区（网格管理分中心）每月上报的事件及化解率进行排名评比，以此作为发放社区网格管理服务经费的指标之一。

（3）引入第三方社会组织

引入社会力量和志愿服务，充分发挥辖区内部门单位党建"双报到"活动的作用，开展医疗体检进网格、文化大篷车、科普教育进社区等形式多样的共驻共建项目。在实践中，要重点发挥志愿社会组织及志愿者的作用，将社会组织成员纳入网格支部，使社会治理的主体扩容升级。

2. 夯实基层基础

（1）强化党建引领

在网格社会治理中，要注重基层党组织的引领作用。一方面，要积极吸纳包括居民党员代表、各小区业委会和楼道长中的党员、村居"两委"干部、驻区单位的党员代表、非政府组织党员等各阶层、各领域的党员进驻网格党支部。另一方面，要积极开展先进网格党支部、先进网格党员的评选活动，提升党的建设在社会治理过程中的分量，实现"党建"点亮网格。

（2）积极打造实体网格

面对基层网格无办公场所的问题症结，一方面，针对网格辖区内具备打造办公场所条件的网格，可以利用小区配件房、物业管理办公室多余用房、社区腾退功能用房、国有闲置铺面，建立起实体的网格党支部。另一方面，针对无基础设施配套的网格，在小区广场、中心道路旁等人流密集位置，设立移动网格篷车或搭建临时板房，为网格员提供办公、休息的场所，同时设立明显的标识牌，让居民能够轻易找到网格员，实现"困有所帮、有求必应"。

（3）完善网格员管理规范和考核机制

第一，健全网格员管理机制。面对工作，每个人都存在着惰性，特别是当面对烦冗复杂的基层工作时，一般网格员的本能就是回避和逃避。所以，只有建立一个健全完善的网格员管理规范体制，才会最大化发挥出基层网格员的能力和水平。一方面，要建立外部监督制度，在网格员所负责的小区、街区、商业圈等区域，公开网格员的工作照片、姓名、管辖范围、治理责任划分、联系方式（工作电话）等非私人的信息，并公开街道及社区的举报投诉电话。另一方面，要强化内部监督管理，建立全链条监督评价机制，由街道一级网格管理服务中心抽调专人定期对各个网格的巡查走访、事件上报、工作落实情况进行一线督导调研，进一步加强上级对下级的管理和监管。

第二，完善薪酬机制和奖励机制。主管部门要完善社区网格员的薪资管理制度办法，并且要严格保障政策的执行，将薪酬待遇落实到每个社区网格员，建立基本工资和绩效奖励的薪酬结构，逐步健全工资晋升机制，提高网格员的待遇水平。同时要增加对社区网格员专业人才的重视，提高社区网格工作人员的工作积极性。要建立明确的奖惩机制，惩罚网格事件上报不及时、影响居民满意度的社区网格工作人员。对能够及时报告和妥善处理网格事件的社区网格员要相应地给予一定的奖励。健全网格员工作激励机制，避免干多干少一个样、干好干坏一个样，保持社区网格员队伍的稳定，激励社区网格员积极主动地开展社区工作。

第三，引入网格员定期培训制度。网格员虽然不是专业性特别强的职业，但其面临的基层一线工作所涉及的领域较为复杂，定期对网格员开展一些各领域基础知识培训是非常有必要的。一方面，可以开展导师授课活动。定期组织高等院校、部门单位、领域骨干、先进地区网格员进行授课，对一些专业性较强的包括人体构造、生理急救、安全生产、生态环保、信息统计等专业领域的知识进行讲解。另一方面，每周组织网格员代表开展座谈交流，交流在一线工作中的心得体会，以互相学习借鉴，有助于促进网格员同事间的感情，使各网格员能力水平和素质实现全面提升、齐头并进。

3. 强化信息支撑

（1）改造升级大数据平台

社区网格化治理大数据平台归根结底是网格大数据的信息处理和端口平台，通过研究对比其他先进地区的网格化治理平台建设，确定下一步改造升级大数据平台的发展方向——"1+3+4+N"的平台管理模式。

"1"为一中心：以大数据为中心。

"3"为三平台：以"全领域"大数据中心平台为蓝本，在其框架上更新网格化治理板块，开发民生服务板块（将为民服务热线纳入其中，对民生服务事项进行分类分项）、开发政务服务板块（结合政务公开工作，在线上建立政务服务直通车平台，利用大数据平台打通部门数据壁垒，实现线上业务一窗通办）。

"4"为四项信息终端：根据街道实际需求，在云平台的基础上，搭建网格通 App（网格员）、微信端（公众号）、警务端（公安派出所）、大屏端（城管智慧眼监控），通过 4 个端口收集基层治理信息，进而分析事件，然后根据实际情况进行派件、跟进、调度，形成各部门互通有无、高效运转的指挥模式。

"N"为多项平台应用：将各个部门的线上功能与"全领域"大数据平台相结合，在平台上开发数据统计、线性分析、工会救助、消防安全、政治协商等功能。

（2）打通"市县乡"三级联动平台

第一，市一级建立全市社会治理中心。由市委政法委牵头，成立全市社会治理工作专班，将公安、应急管理、生态环保、卫生健康、司法、科技、大数据等部门纳入社会治理体系，所有参与单位的人员跟着岗位划入社会治理中心。依托全市社会治理中心，在全市范围内统一谋划打造市一级社会治理联动平台，对各县市区上报事件问题进行统一汇总、划分、整理、转办、跟踪、反馈。

第二，区一级建立全区社会治理中心。落实"乡呼区应、上下联动"机制，在街道实行"网格吹哨、社区报到，社区吹哨、街道报到，街道吹哨、部门报到"的三级报到制度。网格内部难以解决的问题事件，可以立即呼叫社区进行协调；社区难以协调的，通过街道进行推进；街道推动有难度的，由区级层面安排相关部门进行化解。最终形成三级闭环的处理模式，调动各方力量，化解基层问题、难题，进一步解决基层治理最后一公里的问题。

第三，实行事件会商制度，由街道主要负责同志主持，组织相关部门单位定期对街道网格信息服务中心收集汇总的街道层面难以解决、推进的事件进行分析研判，确定后填写"工作协调呼叫单"，通过"乡呼区应、上下联动"机制，"呼叫"区级甚至市级有关部门单位下沉基层、专项推进，切实打通上下不贯通、左右不通畅的问题桎梏。

（3）引入大数据分析研判系统

数据是当今世界上最宝贵的财富，因为通过数据分析，可以得出事态的走向，可以分析问题的症结，进而得出结论，找到问题的解决办法。对于社会治理创新工作，最重要的一项就是，上层根据基层收集的各领域、各阶层、各群体的信息进行社会治理工作的安排部署，做好顶层设计。

第一，建立 3D 城市模型，实时分析公共基础设施管理、使用、维护、更新等信息数据。在前期城市管理信息系统的基础上，利用 3D 扫描技术，在线上建立城市数据模型，把交通物流（包括红绿灯、车辆流量检测等）、基础设施建设（城市给排水设施、电力配套设施等）、气象防护监测（防雷设施、恶劣天气监测设施等）、消防安全监测、生态环保监测（大气污染检测、城市水道检测等）等公共基础设施功能纳入线上模型数据库，通过数据库分析，把城市基础运行状态用形象的 3D 模型展示出来，为上级部门管理城市提供真实有效的数据展示。

第二，开发分项数据库分析功能。在收集管理区域各类信息的基础上，通过大数据对收集的信息按照"人员信息、楼宇信息、商户信息、企业信息"等进行分类整理，借助数据库的分析研判功能，对该区域内人员流动、产业发展、风险隐患的发生规律进行预测，有助于相关部门及基层网格员对各类事件做到"心中有数"，开展工作可以"有的放矢"，实现社会治理更有针对性和预见性。

（4）强化资金配套，保障信息网络建设

拓宽资金筹集渠道，要想方设法运用财税政策，发挥杠杆作用撬动社会资金投入社区网络化建设，完善融资服务平台提供法律保障，建立招商引资专项计划和健全专项资金使用配套办法和规范，从制度和法律法规层面对专项资金进行合理有效的监管，保障专款专用，防范专用资金挪作他用。同时，要充分利用社区自身的优势和潜能，不断发掘和拓展社区集中力量、号召和发动社区居民或者社会组织的动员能力，公开透明地组织资金募集，社区要统筹资金使用范围和程序，不断在社区网络硬件设备和软件服务方面同步进行改造优化更新，形成高效规范的社区信息网络治理系统。探索把居民家庭、经济、维稳等诸多内容纳入网格化治理互动平台。

4.鼓励自管自治

（1）组建小区业主委员会等自治组织

在社区网格内成立志愿服务队，突出一个"全"字。以"红色物业"党组织为核心，下设儿童创智、文明劝导、治安巡护、环境保护、矛盾纠纷调解、安全应急等多功能小组，开展日常自治自管活动，实现自治服务"全覆盖"。各小组均采取"1+1+N"的人员构成模式（1名业委会委员、1名党员骨干、N名小区志愿者）。

第一，自治组织是居民群众对某区域内社会服务和管理事务进行自我管理、自我治理的行为主体。在所有商业小区成立业主委员会、志愿服务队伍等居民自治组织，有利于社区治理向"社区服务、居民自治"转变，基层政府只发挥引导定向的作用，其服务内容和管理细节都由自治组织根据居民群众的自我需要进行有针对性的调解和改善。例如，在浙江省杭州市某商业小区，小区居民在基层社区的引导下，成立了志愿服务队伍，下设多个服务小组，组织有特长、专长的居民为小区志愿提供学生作业辅导、秩序安全巡逻、矛盾纠纷化解、医疗应急救助等服务，并定期开展服务活动，基本实现了小区自管自治。

第二，创新落实基层议事会制度。针对地域内的矛盾纠纷、安全隐患、工程建设等关系居民群众民生民情的公共管理和服务事项，通过组织辖区内的居民群众代表、党员代表、网格员、物业或业委会、基层组织等参与主体，由第三方专业主持引导群众参与，提出和反映最真实的基层看法和意见，由专人进行统一的汇总、记录，最终上报辖区网格党支部进行解决、跟进、反馈，形成闭环机制，确保基层问题能够解决在基层。

（2）社区网格参与引导

积极成立街道的"物业联盟"。在街道一级设立物业管理办公室，物管办牵头管理区域内的所有物业管理公司，成立物业管理协会。同时，基层各网格党支部联合各自区域内小区物业公司，成立"红色物业"，将物业公司管理层党员、小区业委会党员纳入网格党支部任职，无党员的物业公司将积极发展其负责人为"红色服务"积极分子，以实现在网格党支部引领下小区管理的自治化发展。同时，由物业、业委会对本物业管理区域内的商铺进行管理，通过评星定级、联席会议等方式，强化商铺的日常管理。

（3）设立城市商户驿站

在商户密集区域或街区，利用城市管理休息驿站或移动大篷车，设立"城市商户驿站"。通过商业街网格牵头全体商户，成立商户自治委员会，引导沿街商户共同参与城市管理，不管是"门前三包"还是文明城创建工作等，都由商户自治委员会统一制定规章制度，并由商户轮流对街区环境、文明标语等进行打分评价，每周进行"评星定级"，每年度根据总评分由街道办对先进商户进行嘉奖，有利于实现商业街区的自我管理和服务。

（三）打造智慧社区新模式

城市的产生是随着人类社会的生产和生活水平和需求的进一步提高而产生的，社区是城市的基本构成要素，是城市居民的最小生活圈。因此，要顺利完成城市的智慧化建设，就必须先完成社区的智慧化建设。

智慧社区是在传统社区的基础上，充分利用人工智能物联网等现代化技术，有效整合社会资源，通过为社区居民提供更为广泛和更为高质量的服务，解决居民有关公共服务、购物、教育、医疗等方面的需求，为居民的日常生活提供便利和服务。智慧社区能够进一步提高居民业务办理的效率，也能够为居民进行智慧化生活的打造。从智慧社区的功能角度来看，其有效提高了为居民办理业务的效率，为居民打造了智能化生活。从智慧社区管理理念角度来看，其是一种适用于现代化社会的新兴理念，也是当前社会主义新时代的一种新的管理模式。在科学技术飞速发展的今天，智慧社区能够充分利用云计算、物联网等信息化技术，依托于技术手段，使居民的生活更加智能化，形成集社会管理与服务为一体的社区新形态。

目前，我国的智慧社区主要包括电子政务服务、智慧物业管理、智慧养老服务和智能家居等功能，其中包含智能化的生活环境、社区管理和社区服务，并涉及智能建筑、智能监管、智能医院、数字生活、智能家庭养老等诸多领域。智慧社区的目标首先是实现"智"和"慧","智"是应用技术和自动化手段实现智能,"慧"是指将惠民的时代思想结合起来,给予社区新的文明理念;其次,智慧社区应当从多元化、多学科的视角,对社区治理的治理目标、治理对象、治理方式、治理理念等要素进行深度研究;最后,智慧社区以社区中居民的需求为导向,以人为本的理念,对美好生活的目标建设为基本前提,以信息技术服务化为抓手,为社区居民提供更人性化、方便、公平的公共服务的新型社区治理模式。

智慧社区建设是将智慧城市的概念引入社区,通过打造整合各项社区服务的平台,方便社区居民的日常生活,提高社区服务效率,促进社会和谐进步。在当今科技迅速发展的新形势下,日新月异的信息技术为智慧社区建设提供了技术保障。智慧社区建设通过构建社区发展智慧环境,构建新的生活、产业发展和社会管理新模式,面向未来打造全新的社区生态。智慧社区建设将充分利用计算机技术、物联网,通过5G基站、宽带网络等基础设施建设,创建人脸识别系统、测量定位系统、业务办理系统、信息宣传系统、智慧养老、智慧物业、移动医疗等,方便居民的生活,也能将社会管理与社会服务融为一体,形成社区服务新形态。智慧社区建设给居民生活提供各种便利的条件,这对于社会经济的发展和现代服务业的发展都具有一定的推动作用。

就智慧社区建设而言,具有以下几个方面的内涵:

1.提升智慧社区建设顶层设计水平

智慧社区建设是涉及多个方面的系统性庞大工程,不仅需要超前的理念和意识,更需要系统科学地进行顶层规划设计,以便于建设工作的高效推进。

（1）不断完善智慧社区建设整体规划设计

通过对智慧社区建设的研究,在智慧社区建设的过程中,存在极为广泛的涉及面,需要严格依据发展现状,做出更加科学的规划与安排,在此基础之上,还需要明确智慧社区的建设理念,统一建设的指导思想,制定出完善的技术标准,提出最佳规划建设方案,从而对各类可能会出现的问题进行预防,同时更好地指导智慧社区建设工作的有效开展,全面提高建设效率。

第一,制订分工明确的工作计划。作为政府部门,在对社区的地域特色、风土人情等方面进行充分调研的基础上,需要制订一个完善的工作计划,建立一个有明确分工和权力分配的共同体。政府部门必须明确建立智慧社区的目标和宗旨,并规划和落实住建部、工信部、宣传部、街道办事处、企业等每个部门、机构的工作范围和责任。政府各级部门和承建企业都必须认识到，智慧社区建设的主要目的是为社区居民提供更好的服务，每个部门虽然有明确的责任分工，但是在统一的智慧社区建设目标的基础上，都应从独立运转转移到合作建设上，打破部门之间的限制，整合和共享资源，避免"信息孤岛"和反复重建的问题发生，形成有效、准确和智能化的协作管理层次。

第二，促进智慧社区建设更加规范化。为了能够更好地规范智慧社区建设项目，需要将建设规划作为重要的参考依据，并充分地保证社区建设的质量，促使智慧社区能够实现可持续发展。各级政府、企业、社会组织及社区居民，应该加强各方之间的联系、合作与交流。与此同时，依据社区的实际现状以及遇到的各类问题，制定出规范的建设标准，使建设程序标准化，从而更好地实现智慧社区的建设、管理和服务标准化。此外，还应该加快政府在职能上的转变，注重生计，不断改善服务水平，为所有参与方提供参与智慧社区建设的指导。

（2）加强智慧社区建设参与主体统筹协调

新公共管理理论强调，政府管理应广泛引进竞争机制，让更多的主体参与公共服务的供给，通过政府的协调引导提高服务的质量和效率。智慧社区建设是一个长期与持续发展的项目，为此社区管理者应对传统的管理模式进行改革，逐渐了解各个部门之间的冲突矛盾，并对内部沟通进行协调。

一方面，各级政府必须发挥统筹协调的作用，协调总体形势。通过创造社区智慧平台、社区服务平台，让企业、社会团体等参与其中，建立互利合作的团结联系。在整个系统中，市级政府在统筹方面发挥着重要作用，是一个良好的监管和监督机构。与此同时，区县级政府必须适当管理政府领导人与社区自治之间的关系，允许社区采取主动行动，同时简化流程，做好监督，增加财政补助，采取"一事一议"等灵活形式，支持社区自治力量在智慧社区建设过程中发挥积极作用。

另一方面，社区管理者要注重不同行为者之间的交流与互动。作为社区管理者，社区书记要更加侧重于建设智慧社区的早期阶段施工期间的综合资源分配与分工，同时，提高自己的管理能力和知识掌握水平，客观分析智慧社区建设的可行性，明确上级政府和居民的实际需要，建立一个交流信息的平台。在发挥领导作用的同时，必须加强管理能力，提高社区的管理水平。要充分认识到社区的良好治理有助于在智慧社区实现公共行政的平衡，并确保信息的及时性和可靠性，使居民能够在任何时候和任何地点获得相关信息，促进和谐社会的建设。

2. 提升社区居民参与智慧社区建设的热情

居民作为社区的"主人"，不能存有"政府依赖"思想，要正确地认识到智慧社区建设不是单纯依靠政府一方的力量就能达成目标的。智慧社区建设的目标之一是提升居民的居住满意度，智慧社区如何建设，建设的成果如何，居民最有资格参与其中，建言献策。

（1）完善社区居民参与机制

智慧社区的建设需要充分改善社区居民参与机制。

第一，政府主导、鼓励多方参与。在建设智慧社区的过程中，应该一直把政府放在核心的位置，政府在项目当中主要起到主导和推动的作用，同时也应该主动站位，积极创造和营造良好的政策环境和社会环境。

同时也鼓励多方参与，政府应从实际行动上鼓励社区居民和社会企业的加入，可以采取一些帮扶政策、激励举措，鼓励社会各界人士、各类社会组织参与进来，在一定程度上给予资金和技术上的支持，确保参与主体行为的动力源长期得到满足，在广大范围内长期形成稳定的利益链，形成一个稳定健康的生态圈，最后深入智慧社区工作。

第二，强化居民的参与意识。智慧社区建设的主要任务不仅仅是从政府和建设方面来提高社区服务水平，社区居民的积极参与也增加了智慧社区建设的活力。因此，要想培养居民的参与意识，就应该从内在动力和外在推力两个方面着手。

在内在动力方面，社区居民需要强化主人翁的意识。每一位居民都是社区的主人，应该自我强化主人翁的意识，建立自己的正确的意识和觉悟，真正把社区当作自己赖以生存的家。社区居民应该充分理解，智慧社区建设都是围绕提高居民的生活环境和生活品质开展的，最终目的都是让居民的生活更加舒服从容和便利。只有当社区居民充分了解智慧社区建设的初衷和愿望时，他们才会主动积极地参与到建设工作中，为智慧社区的建设贡献一个一个小小的力量。

在外在推力方面，街道办和社区应该发挥本职作用。街道办和社区是直接面向老百姓、服务老百姓的基层政府组织，其作用应该是传承上级政府下达的政策和精神，不折不扣地完成本层级的职责。因此，对于培养居民的参与意识方面，首先应该通过各种正面积极的渠道加强宣传推广，开展多种形式的宣传活动，宣传智慧社区建设的优点，组织一系列与智慧社区相关的丰富有趣的活动，让居民参与进来，使其在玩乐中体验和认识智慧社区。其次，我们需要着重培养居民的参与意识，督促其参与活动，如举办一些讲座或者研修活动等。最后，要提供充足的信息来提高公众的参与意识和理解程度，促进智慧社区建设，增强社区的凝聚力。

第三，健全居民参与制度。建立完善的居民参与制度是因为要彻底完全改变以往的居民被组织发动去参会，为了应付组织的指令而象征性做个样子去参会的状况。因为居民被动参加社区组织开展的相关座谈会、见面会的象征性参与并不能体现居民的自愿性和积极性，更不会强化居民的主人翁意识。要想真正有助于智慧社区建设，就必须建立促进居民自愿参加的动力和机制。

一是建立居民参与制度。居民参与制度的建立首先需要考虑居民参与的原动力在哪里，因此需要搭建居民参与驱动。最开始的时候需要培养居民参与的意识，让居民认识和感受到参与社区建设会给自己带来好处。首先是参会者拥有投票表决权，对于生活环境的打造和建设可以形成影响，参会者内心会形成参与感和成就感；其次是社区可以准备一些纪念品，发放给参会人员，在物质上也能形成一定的鼓励作用。

二是优化居民参与流程。智慧社区的建设只有在公众的监督下进行，才能使规范的参与程序严格按照相关流程制度执行，才能使各方面内容更加透明化。因此，优化居民参与流程是相当有必要的。居民参与流程就是指居民参加社区内的活动时的先后顺序，流程中应包括有谁参加、居民参与流程的具体步骤、具体的参与形式等。

通过理论和实践都可以得出结论，只有居民最大限度参与到智慧社区的建设中，探索出的服务点才能最大限度地符合居民的需要，才能最贴近居民的实际，智慧社区的建设效果才会实现最大化，才能更好地服务于居民。因此，应该重视居民集体在智慧社区建设中的参与程度，结合"治理和善治"理论，运用群众的智慧，理解群众的需要，构建和谐的智慧社区。

（2）营造良好的智慧社区建设宣传环境

智慧社区在前期建设过程中，可能会面临居民不理解、部门之间难协调的问题，因此政府部门应该向居民多加宣传智慧社区的建设内容，将智慧社区建设与居民诉求有效结合，提高居民的主人翁意识。各级政府作为协调各方利益关系的重要枢纽，应进一步加大宏观调控力度，在为智慧社区建设提供规划、法律、资金等方面支持的同时，要不断加强智慧社区建设的宣传和引导，鼓励社区居民、社会各界力量积极投入智慧社区的建设当中，营造多元主体踊跃参与智慧社区建设的良好氛围。

在智慧社区建设中，市政府要发挥统筹、指导等作用，综合协调住建部、工信部等职能部门，为智慧社区建设营造良好的环境，大力宣传、培育社区文化，积极倡导社区自治，培育社区组织，提高社区居民参与意识，营造良好的社区环境。区、县级政府作为协调各方利益关系的重要枢纽，应将智慧社区建设列为年度重点工作，进一步加大宏观调控力度，明确由规划办为智慧社区建设提供建规划，法制办提供建设法规保障、财政局提供资金等方面支持的同时，不断加强智慧社区建设的宣传和引导，宣传部融媒体中心要利用微视频、公益广告、车载视频等方式，鼓励社区居民、社会各界力量积极投入智慧社区的建设当中，营造全社会共同参与建设的良好气氛，全面提升智慧社区建设水平。相关企业及社会组织在智慧社区建设中应该具有为社会服务的意识，承担起社会中的相应责任，如开通一些公益类项目，社区居民可以通过智慧社区的平台为有需要的人或地区捐款捐物、与图书馆等资源信息相互衔接，产生以事实带动宣传引导的效果，以此扩大智慧社区的服务范围和水平，满足不同居民的需求。

智慧社区的建设宗旨在于为人民服务，使人民能够享有更加舒适、便捷的生活，所以在智慧社区建设的宣传工作中，要通过多种途径进行智慧社区服务的宣传，包括社区公开栏、LED 屏幕、宣传横幅等，及时发布各种建设进度或者业务操作指南。同时，应从居民的实际生活角度出发，对居民开展调研，了解居民对智慧社区建设的意见。调研工作可以分两种方式开展，针对中老年人群体，可以采用在居民社区中走访等形式进行调查；针对青年人群体，可以发布线上的调查，这样就能够保障调查的全面性。同时，可以在居民休息日举办智慧社区体验活动，邀请居民参加活动，并且体验智能化项目，以此来提高居民对智慧社区的了解程度。

（3）采用适当的激励措施鼓励社区力量参与智慧化建设

网络治理理论强调充分发挥社会公众在治理过程中的价值取向和实际作用，因此要通过多种方式鼓励各方，将其整合为一种更为强大的力量共同承担建设任务。因此，社区力量参与到智慧社区建设工作中，需要有适当的激励措施进行鼓励。在激励措施制定方面，应该充分根据社区综合水平，深入了解社区工作者及居民的需求，不同的社区工作者和居民有着不同的需求，依据需求制定措施，才能够使各个群体的需求在最大限度上得到满足。

第一，完善对社区工作者的激励措施。通过对智慧社区建设的研究发现，目前，社区工作者普遍都担负着智慧社区建设、宣传的工作，在工作中付出了大量的时间和精力，为智慧社区推广做出了巨大贡献。根据每个社区的财政状况，在薪酬待遇上根据社区工作者的工作经验、业务水平等指标，市级政府部门应该适当建立并完善一定的物质奖励分配方案，同时，可根据工作完成度开展"优秀工作者""突出贡献奖"等评优评先工作，物质奖励和精神奖励相结合，形成复合型激励机制。

第二，制定对社区居民的激励措施。对于做出贡献的社区居民要及时进行适当的奖励，如发放带有社区标志的生活用品等，提高社区居民的荣誉感。此外，还可以通过颁发"智慧社区建设优秀居民""智慧社区终身荣誉居民"等荣誉称号进行精神奖励，不断畅通沟通渠道，通过尊重、理解体现人文关怀，达到从"要我做"到"我要做"的目的，让居民充分获得智慧社区建设的荣誉感、归属感、幸福感、认同感，从内心产生共鸣。

3.加强智慧社区服务体系建设

社区是人们生活的综合体和承载体。科技的发展同时也伴随着城市化发展速度的加快，社会成员和活动变得更加复杂，人民群众的需求也变得多样化，基层社区服务就显得尤为重要，社区也日益成为城市管理的重中之重，在城市改革、发展、稳定中的地位和作用日益突出。因此，做好了社区服务体系工作就相当于做好了民生工作，老百姓的幸福感和获得感就能够得到大幅度的提升。在服务体系的建设方面，应该从基础设施信息化、社区管理平台化、生活服务多样化几个方面进行优化和完善。

（1）基础设施信息化

基础设施指的是社区内的硬件设施，是智慧社区建设的基石、是智慧社区各类应用的载体，只有完善了社区的基础设施，才能更好地实现智慧社区建设中的各种服务和应用呈现。

要想搞好基础设施建设，就必须先统筹规划，然后按照计划逐步落实推进。

一是提前规划和推动网络建设。网络就像是智慧社区的血管，只有把网络做成了精品，智慧社区才有条件成为优质健康的社区。

二是按照由低到高、先主后次、先易后难的原则。在实际的建设过程中，各个社区的情况参差不齐，改造建设的重点也就不会一样。因此，应该先建设低标准后建设高标准，先建设主要应用后增加次要应用，先完成容易后攻克难关。

三是资源整合，避免浪费。在基础设施的建设过程中需要做好资源的整合和利用工作。一方面，需要重视宽带网络、无线网络等基础设施的改造和增设，为智能社区的全覆盖建设打下良好的基础；另一方面，需要保证所有硬件设备的质量和数量，后期使用过程中需要定期进行维护。

智慧社区之所以"智慧"，是基于丰富的信息资源。智慧社区是当今社会新型社区发展的一种必然趋势，其特征也在于"智慧"这两个字。在建设智慧社区时，要注重实现对于社区重点人群的关爱和管控，充分实现生活服务智能化和社区管理智能化，从而使社区居民的生活环境得到改善。此外，随着技术的发展和居民生活需求的多样化，还需要更加努力地进行基础设施建设。

（2）社区管理平台化

智慧社区可以建设一个社区管理调度中心，同时它也是一个信息共享的社区服务平台和一个社区治理平台。

社区管理调度中心是在网格管理中心的基础之上建立的。网格管理中心是社区管理的核心部分，是通过掌握社区内所有人的信息状况，进行各种调度工作来构建智慧社区的"中枢脑"。优化网格调度中心，可以进行组织上的扩充，根据原来的调度中心增设多个中心，可以协助处理各社区的日常工作，从而减轻了街道办工作人员的工作难度，并且同时还可以节省时间，提高工作效率。网格管理中心的数据系统也需要按照规定时间进行备份和维护，及时对数据进行核对，检查缺陷以弥补遗漏，保证数据处于最新状态。

（3）生活服务多样化

智慧社区建设的初衷是让生活更加美好，让老百姓能够生活在更好的环境中，过上更加有品质的生活，同时也能够更加便捷地生活。所以，在建设之前应该充分调研居民真正需要的服务，在此基础上，政府和企业才能做好便民服务这项民生工作。

一是开展线下服务。例如，社区志愿者关爱空巢老人、宣传科普智慧社区应用操作方法、定期提供咨询服务等。开展线下服务主要针对老人、小孩等特殊人群，让他们也能够感受到社区的温暖。

二是实现线上服务。开展线上服务主要针对能够熟练使用电子设备的人群以及平时早出晚归的上班族等人群，开展线上的社区服务可以更加节约时间、提高效率。同时，对于企业而言则可以通过线上统计的数据分析居民的生活状态，以此来优化平台的功能，从而让企业实现更好的运营和共赢；对于政府而言则可以得到居民行为数据，形成大数据反馈，有利于做出正确的决策。

4. 提升智慧社区建设的智能化水平

（1）推进社区设施智能化升级

通过对智慧社区建设的研究发现，基础设施建设是智慧社区建设的关键，基础设施不健全，就会影响居民对社区服务的体验，在智慧社区建设中应该设置完善的基础设施，以此满足社区居民对社区管理服务的需求。推进社区基础设施智能化升级，应该从完善智慧社区基础设施建设、优化智慧社区平台建设以及合理分配资源这三个方面开展。

第一，完善智慧社区基础设施建设。基础设施建设是保障智慧社区发展的根本，在针对部分社区的研究中发现，现如今的智慧社区建设过程中，虽然一些社区的5G网络已经实现了全覆盖，但仍需要社区工作人员向居民普及光纤知识，设计符合5G网络的光纤线路，使居民能够体验到云计算、物联网等现代化技术。因此，市、区（县）两级工信局、大数据局要对智慧社区网络、设备等基础设施建设统一布局、加快推进，继续推广5G建设，扩大社区公共区域WIFI无线网络覆盖率，同时，给予社区资金补助用于购置数字化办公设施及配套服务设施，普及传感器、摄像头、电子芯片等，提升智慧社区建设硬件水平，使智慧社区具备智能化满足民生需求、办理电子政务、推广商业发展等功能。

第二，优化智慧社区平台建设。智慧社区的建设需要依托于物联网、云计算、大数据等，要通过现代化技术和设备的充分利用打造和优化智慧社区平台，使居民能够享受智慧社区建设所带来的"智慧"。在智慧社区平台建设中，应充分整合居民的信息，为每一户居民建立一处"线上电子住宅"，将居民的基本信息、喜好偏好、办事资料、意见建议等内容形成对应的个人信息库，提升日常管理效率，方便信息精准推送。同时，将定位技术、监控技术、识别技术等功能融入平台，使居民能够在社区中实现地理信息的感知，从而提高社区中的医疗健康、养老等方面的服务水平。

第三，合理分配资源。网络治理理论强调，必须有效实现对资源配置形态的调整。智慧社区建设采用的是多方共建的模式，虽然主要是依靠多个部门、组织联合完成社区治理工作，但是仍然需要发挥市级政府的统筹引导作用，实现大数据共享，对区域内的资源进行合理的利用，通过发挥各个政府部门的职能，使社区能够获得相应的资源与资金，从而为智慧社区的建设提供基础保障。

（2）提高智慧化信息安全水平

目前，智慧社区普遍存在着高层设计和统一规划、网络安全潜在风险和风险突出等一系列的问题，同时数据平台难以得到统一。特别是网络发展到一定阶段后，信息安全的问题将变成制约网络进一步发展的主要问题，同时信息安全问题也成了影响智慧社区建设和发展的一大重要阻碍。

智慧社区建设领域内的技术有物联网、云计算、大数据、移动互联网等，这些都是新兴的信息技术，虚拟化、云化成为主流，网络安全保障方面需要进一步加固。因此，在新型信息技术背景下，智慧社区领域中信息安全方面的风险也具有与传统互联网时代不同的特点。一是在感知层上，智慧社区建设中涉及各种传感器设备，因此接入环境十分复杂，加之不同的网络传输路径会形成多种接入方式，接入路径不同就会引起更加复杂的安全问题，而且智能感知设备的安全防护能力一般都比较弱。二是在网络层上，传统的互联网技术的综合运用，使我们的电子设备具备了随时随地对任何设备的访问能力，但是各种访问方式也会带来各种形式的网络攻击，形成网络安全威胁。三是在数据层上，云计算的应用带来了一些不安全的因素。例如，大量数据在云端集中保存，可能会导致数据的破坏、数据的丢失等，这比传统安全威胁的后果更加严重。四是在应用层上，因为缺乏适当的法律和规章制度来规范移动应用市场，这样一来智能应用程序便会失去管制，从而存在很多安全问题。例如，非法取得用户的隐私信息，嵌入特洛伊木马病毒进行远程控制，恶意骗取费用等，这会给居民的生活带来严重的困扰。

因此，在智慧社区的建设中，需要构筑强大的社区信息安全系统，以此来应对各种安全风险，这个系统必须包括组织、制度、管理、技术等很多方面。

总体来说，为了提高智慧社区信息安全水平，应该从如下几点着手。

第一，统一建设信息平台。将智慧社区中的智能化互动平台建设成为整个地区统一的社区综合管理信息平台，地区内每个社区都应该共享自身的信息，促进智慧城市的发展。因此可以从全区域的角度，对各个社区的网络资源进行整合，然后将互动平台建设工作分配给各个部门的业务系统，系统中能够进行统一的部署、页面设计等。不同部门的工作人员凭借个人账号可以获取相应的权限，在自己的权限范围内获取相应的数据信息，以此使智慧社区数据信息的管理能够更加规范。在该系统中，业务办理均在同一个页面中进入，系统后台设置标准的接入口，以政府为主导，将政府的相关信息以垂直的模式发送到各个部门的子系统中，实现数据信息一次录入、多方共享，从而实现信息安全。

第二，完善法律法规体系建设。由国家有关部门制定和完善相应的法律法规来推进网络化治理，进一步约束有关主体的行为，从法律法规层面上对各类破坏信息安全的行为进行惩治。尤其是在互联网飞速发展的今天，一些商业机构通过出售居民个人信息谋取利益，导致居民信息安全受到严重的威胁。相关部门必须从法律层面对这些不法行为进行约束，从而保障居民的隐私信息安全。

第三，提高系统安全监测水平。为了提高社区智能化系统的安全性，社区应该联合智慧社区建设企业，设置专门的安全监测部门，主要负责信息安全问题，通过互联网技术等对系统中的数据信息进行实时的监测及加密处理，以保障系统的安全以及数据库的信息安全等。除此之外，信息安全监测工作人员应该定期对智能化互动系统进行安全检查以及系统维护，一旦发现系统中存在漏洞或者病毒，可以在第一时间解决问题，以提高系统中的信息安全水平。

5. 重视智慧社区人才队伍建设

智慧社区建设的基础是设施和平台的建设，但是究其根本是"人"在推动建设进程。智慧社区建设离不开专业人才队伍、社区工作者、志愿者等群体的协同努力。

（1）拓展智慧社区服务人才

智慧社区中为了更好地服务居民就需要组织各部门不断加强和完善服务型人才队伍的建设和打造。服务型人才队伍主要由志愿者队伍、网格员、方格员组成。

第一，扩大志愿者队伍。志愿者是指除了社区相关工作人员以外的，主动从事社区服务工作的人，如社区的普通居民、企业职员等。志愿者队伍的填充让社区工作更饱满、更有温度，如居家养老方面可以得到更广泛的覆盖，现在有很多老人愿意居家养老但子女忙于工作不方便照顾的情况，此时我们的志愿者就可以帮助老人解决其面临的实际困难。

第二，壮大发展网格员和方格员队伍。网格员是指一个小区内固定的一位管理员，方格员指的是 10 户人中选定一个人作为管理员，其本质都是嵌入居民群体中的人员。他们既是居民也是服务工作者，他们的工作职责就是对自己片区内的居民服务和负责，需要定期向网格管理平台上传基层信息等。

要建立这样的队伍，短时间的训练和临时的组织这种方法是行不通的，需要有充分实力的队伍进行长时间的有序组织和保障。特别是智慧社区中的社区服务中心和物业管理中心需要积极探索和思考人才的引入、培养和分配问题。

（2）加强智慧社区人才队伍专业化培养

人才在智慧社区的建设中发挥着重要的作用，然而在智慧社区的发展过程中，人才短缺的现象十分明显，智慧社区建设涉及许多与互联网信息技术相关的方面，但是社区现有的人才数量和知识结构完全不能满足需要。因此，在智慧社区建设过程中要充分发挥专业人士的人才技能，培养专业的人才来运营智慧社区平台。具体来讲，可以通过以下几个方面来进行人才队伍建设。

第一，为人才提供科学的职业规划和对口的工作岗位。要有计划地招聘人才，并为人才营造良好的工作环境，如此才能有利于智慧社区长久的建设与发展。政府可以通过与高校联合建立人才教育基地，依托高校培养一批高素质人才，充实到社区人才库中。另外，人才引进应多面向具有发达地区社区管理经验的人才，从而提高社区整体人才层次。在人才引进的过程中，应该依据智慧社区建设相关工作岗位需求进行引进。在人才引进之前，对人才的具体情况与岗位需求进行匹配分析，提高岗位设置的合理性。将具有多年社区管理经验的服务型人才安排在与居民对接等岗位上，将技术水平高的专业人才安排在负责平时社区后台管理的岗位上，做到人尽其才，人尽其用。

第二，注重持续性地提升工作人员的综合能力。智慧社区建设方面主要缺乏高端技术人才以及智慧社区管理人才，社区现有工作人员以服务型人才为主，当前社区逐渐向智慧社区过渡，在此过程中，传统的服务型人才也应该与时俱进。一方面，智慧社区建设参与企业应该为技术人员提供学习的基础，通过培训、继续教育等方式，鼓励技术人员学习政策、方针、指导思想及专业技术，使自身的专业水平能够不断提高，以此适应智慧社区建设的相关工作。另一方面，加强对一线窗口人员业务能力的培养。从本质上来说，智慧社区是信息化的社区服务形态，涉及的内容较为广泛，且专业性较强。市级政府要联合工信、住建、行政审批等部门对智慧社区的办事大厅窗口服务内容进行全面梳理，包括相应的服务流程、政策标准、收费标准等，由区（县）政府职能部门定期对智慧社区窗口服务人员进行系列政策培训，也可以针对工作中的薄弱部分进行培训，从而提升社区工作人员的整体服务能力。

第三，加强居民参与机制。居民是智慧社区建设的重要主体之一，智慧社区建设应不断拓宽居民的参与渠道。具体而言，应以社区居委会为依托，根据实际情况成立智慧社区建设居民理事会、听证会、顾问智囊团等民间自发组织机构，充分汲取民意、表达民声，积极为智慧社区建设建言献策。

（3）完善社区工作人员专项考评机制

新公共管理理论主张实行严明的绩效目标控制，即确定组织、个人的具体目标，并根据绩效目标对完成情况进行测量和评估。因此，完善社区工作人员智慧社区建设专门事项奖惩机制，能够有效提高社区工作人员的工作积极性，使其在智慧社区建设工作中能够更加负责。

第一，注重绩效考核体系建设。社区工作人员每年会有相应的绩效考核，在智慧社区建设工作开展之后，为了完善相应的考核机制，可以将智慧社区建设进展、政府数据以及智慧社区系统应用水平等纳入社区工作人员的绩效考核工作中，将智慧社区建设进度作为社区工作人员年度考核的关键指标之一。

第二，考核结果与评优评先直接挂钩。在智慧社区建设工作中，对社区工作人员的工作任务完成情况进行考核，进一步细化考核标准，将考评结果作为其是否具有评优评先等的资格的依据。这样既能督促任务完成，又能树立榜样标杆，为推动智慧社区建设营造良好的氛围。

二、新时代农村社区治理体制的新发展

（一）完善"三治"融合的有机治理模式

1. 自治是农村社区治理必须坚持的基本制度

党的十九大报告提出"加强农村基层基础工作，健全自治、法治、德治相结合的乡村治理体系"。村民自治能够在全国推广，说明了村民自治得到了国家顶层设计的肯定。关于自治、法治和德治三者之间的关系，国内学者提出了许多观点和看法，如"核心－保障－基础"论、"基础－保障－支撑"论、"治理机制"论以及"一体两翼"论等。其中，"一体两翼"论认为自治是根本，是农村社区治理的目标，法治是为了构建以法为核心的治理制度，德治是农村社区原本就有的文化基础，德治与法治的结合是为了实现更好的村民自治。

对于自治的基本内涵，国内学者也提出了不同的看法，主要有"基层群众自治"说、"制度设计"说、"主体内核"说、"基层民主政治目标"说和"乡村治理主要内容"说，经过调查研究发现，受到普遍认同的是"基层群众自治"说的观点，即自治是指在一定居住地的人民群众在基层党组织的领导下，建立组织健全、自治有效、服务完善、文明祥和的群众自治组织，依法进行自我管理、自我教育和自我服务。从定义中可以了解到，在农村社区的自治过程中，党的领导是最本质的特征，其内容是村里自己的事自己解决，那么坚持村民自治就需要从以下几个方面思考。

首先是加强党组织建设，坚持党的领导。基层党组织是农村社区建设和发展的顶层设计，除了国家的顶层设计以外，农村社区的微观建设与发展已经实现了基层党组织的全面领导，此时农村社区发展的成效就取决于基层党组织的才能，只有加强党组织的建设才能更好地实现社区发展。其次是要培养优秀的社区干部。社区干部多为党组成员，社区干部是社区建设发展的骨干力量，农村社区的干部文化程度普遍偏低，应加强培训。最后就是要完善村规民约，社区治理需要村规民约，村规民约是社区居民的行动指南，完善村规民约还可以与法治接轨，促进农村社区的法治化建设。

2.法治是农村社区治理制度构建的先决条件

法律是统治阶级治理国家的重要工具，但是"依法治国""法治建设""法治社会"等词并非从来就有的，而是通过不断的实践所得出的治理理论。早在党的十五大就已经提出了"依法治国"的方略，要把中国建设成为社会主义法治国家。对于法治的基本含义，国内不少学者也阐述了自己的看法，如"乡村治理保障"说、"现代规则"说、"法律主治"说和"依法治国"说等。法治是制度重构的先决条件，是营造依法有序的制度体系，用宪法和法律对村民自治制度进行规范设计与观念设定，让村民自治有法可依，能维护广大群众的合法利益。就目前的农村社区治理而言，村规民约所起的作用受限，这主要在于农村社区缺少对社区居民的宣传和教育，社区本身的法治建设不完善，社区干部在解决问题时以调解为主，缺乏利用法律法规的意识。所以要建设农村社区的法治社会，还需要加强以下几个方面的工作。

（1）加强法治的宣传和教育，培养社区各主体的法律意识

法治社会的建设首先体现在思想上，使社会各主体能够知法、懂法。特别是在农村社区，文化程度较低的居民较多，他们心中知道有法律的存在，但是对于法律规定的责任与义务并不清楚，也不懂得如何使用法律，这就需要社区加强对他们的法治宣传和教育。如今已是信息化时代，社区可以采取多种方法，如利用新媒体、新技术、大数据等，也可以通过座谈会、志愿者入村宣传等方式。

（2）社区需要加强建设完善的规章制度

完善的规章制度是农村社区治理的重要依据，是社区居民行动的指南，也是社区居民维护自身利益的重要保障。

（3）社区干部应该注重依法办事

社区干部的法律思维与法律意识尤为重要，只有具有深刻的法律思维与法律意识才能在实际的问题处理过程中使用法律。只有社区干部知法、懂法、守法、用法才能带动社区居民不断向法治靠拢，学会运用法律维护自身的合法权益。

3.德治是农村社区治理的文化基础

德治是源远流长的中华文化传统，是中国最大的"本土资源"。对于德治的基本内涵，也有多种说法，如"新道德治理"说、"文化治理"说、"支撑与基础"说、"以德治国"说等。德治作为一种乡村秩序的文化治理秉持，其本源是一种乡村文化感召和中华优秀传统文化在新时代的继承创新，是通过在乡村社会培养良好的社会公德、家庭美德、个人品德，潜移默化地促进人们道德品质提升

的一种新的治理方式。中国的传统乡村社会是典型的熟人社会，乡村的治理建立在人情社会的基础之上，所以德治是主要的治理方式，是农村社区治理的文化基础。如今我国已经进入新时代，需要思考德治是否已经过时，显然德治有其优秀的成分，但是也有其不足，所以农村社区的治理应该取其精华去其糟粕。

首先是传承与发扬优秀传统文化，将其与现代先进文化结合，建立健全新型乡村文化体系。在源远流长的历史发展中，农村也有了自己的文化体系，新时代的到来，国家倡导社会主义先进文化的发展，但是传统的优秀文化依然值得传承与发扬，我们应将其中优秀的部分与现代先进文化，如社会主义核心价值体系、社会主义核心价值观以及法治文化等相结合，建立健全新型乡村文化体系。

其次是加强建设文化基础设施，营造良好的文化氛围。在一些地区的农村社区中只有几处重要的文化场所，并且缺少图书馆、文化活动室等基础设施的建设，所以需要针对这些地方重点加强文化基础设施的建设，为社区居民提供良好的文化环境。

最后就是加强德治宣传与教育。随着现代文化的渗入，青年学子学习的都是现代知识体系，对于家规、祠规这种传统文化知之甚少，这些传统文化只存在于一些长辈的认知当中，所以有必要加强德治的宣传与教育。

（二）推动农村社区善治机制构建

随着乡村振兴战略的整体推进，农村社区的发展正发生着新的变革，善治理论为农村社区治理提供了新的理论指引，对新时代农村社区治理具有重要的指导和实践意义。

通过相关理论研究、案例研究和实证研究，可以发现社会资本与农村社区治理之间具有明显的正向相关性，社区社会信任、社区社会规范和社区社会网络三个要素对农村社区治理具有积极意义，丰富的社会资本能够促进农村社区有效治理。在新时代，应推动农村社区善治机制构建，从而进一步促进农村社区治理体制的创新发展。下面从规范机制和互动网络两个角度对农村社区善治机制的构建策略进行具体分析，以丰富社会资本理论视角下农村社区治理的实践。

1. 构建农村社区互惠规范机制

健全的社会规范有利于社区社会秩序的建立，从而促进社区的有序发展，是推动社区善治的重要社会资本。因此，下面将主要针对社会资本理论中的规范要素，从完善制度体系、健全村规民约以及增强村民自治三个角度来展开论述，以构建互惠规范机制来推动农村社区善治。

（1）完善制度体系，强化社区治理规范

制度是一种行为规则，这些规则涉及社会、政治及经济等行为。良好的制度环境是培育社区社会资本的重要保障，能为社区公共事务治理提供制度规范，不断提升社区治理的规范化程度，为社区营造一个和谐的社会秩序。

完善的制度体系有利于社区的有效治理。根据调查发现，一些农村社区没有一套相对健全与完善的制度体系，导致社区建设与治理过程中没有相对可靠的制度保障。因此，基层政府组织要不断加强对农村社区制度体系的健全和完善。一方面，重要的是要健全社区与村民之间的互动体系，确保社区层面"自上而下"的管理和村民层面"自下而上"的自治双向互动，为社区与村民之间的交流沟通提供基本制度保障。另一方面，积极发挥基层党组织和社区社会组织的力量，建立多方位的农村社区公共服务体系，强化农村社区基本公共服务水平，为社区治理提供完善的制度体系。

（2）健全村规民约，夯实社区规范基础

村规民约作为农村社区长期存在的一种地方性社会规范，凝聚着村民对社区价值观和社区行为规范的共识。在农村社区中，完善的村规民约是社会规范的具体体现，其在规范农村社区秩序、培育农村社区道德、调解农村社区矛盾、增强农村社区自治等方面具有重要的规范和调节意义。

根据调查发现，一些村庄有相对健全的村规民约，但简单化、同质化现象过于严重。另外，部分村庄在社区内相对醒目的地方张贴了村规民约，但仍有相当一部分村民对村规民约基本不知。因此，就社区层面而言，一方面，要结合地方特点，根据当地实际情况，制定契合地方需求的村规民约，以更好地夯实社区规范的基础。另一方面，应制定相关政策，让村民参与村规民约制订的全过程，增强社区村民对村规民约的认可程度。另外，还要听取基层法律顾问的相关意见，以增强村规民约的规范性。就社区村民而言，首先，社区要积极倡导社区村民自觉遵守村规民约，形成社区村民自觉遵守村规民约的良好风尚，以增强整个社区的社区规范程度。其次，村干部要树立起良好的典范引领，社区村民要主动了解村规民约的具体内容，主动按照村规民约所约定的内容进行活动。

（3）增强村民自治，提高社区自治规范

农村社区治理的核心是村民自治制度。村民自治是一种规范村级自治组织、集体经济组织、非政府组织和其他组织相互关系与作用的制度设计，村民自治在农村社区治理中具有基础性作用，完善的村民自治能够推动社区自治规范的形成，进而有利于促进农村社区有效治理。因此，在农村社区治理过程中，应不断增强村民自治的有效性，以此来提升农村社区自治规范。

一是要不断健全村民自治组织。在农村社区内依托村两委组织，组建由村民组成的议事会、评议会等村民自治组织，在社区公共事务治理中注重发挥村民自治组织的作用，不断增强农村社区村民自治能力，提升社区自治规范。

二是要创新村民自治机制，激发村民自治的主动性。可借鉴象山"村民说事"的创新方式，构建"说、议、办、评"的村民自治机制，积极搭建村民自治平台，激发村民自治的内生动力，不断提升社区自治规范，以推动农村社区善治。

三是要规范村民自治的运作程序，在村级公共事务治理过程中，逐渐增强村民自治的规范性，不断健全农村社区自治的制度规范和程序规范体系，为农村社区自治规范提供良好的制度环境。

2. 构建农村社区互动网络机制

社区参与网络具有基础性地位，是社区社会信任和社会规范产生的前提，丰富的社区参与网络对社区社会资本的培育具有重要作用。因此，下面将主要针对社会资本理论中的参与网络要素，从加强村民互动和培育社区组织两个角度来展开论述，以构建互动参与网络机制来推动农村社区善治。

（1）加强村民互动，构建社区参与网络

村民之间的有效互动，能够增强村民间的相互交流、合作与信任，不断丰富农村社区互动参与网络，增强社区社会资本，从而有利于村民有效参与社区治理。同时，社区互动参与网络的构建，为村民之间的互动交流提供了良好的参与氛围。在农村社区中，社区互动参与网络主要以社区人际关系为主要载体，村民之间的互动频率越高，社区人际关系就越多元，社区互动参与网络也就越丰富。

根据调查发现，一些农村社区主要以血缘、地缘关系为主要关系而构成了农村互动参与网络，但有些农村社区存在村民互动参与程度相对较低的现象。因此，一方面，要建立多元有效的村民互动交流平台，通过举办社区活动、召开村民座谈会、成立村民互助社等方式，畅通村民互动的渠道，促进村民在活动中交流互动，进而能够进一步织密社区互动参与网络。另一方面，要不断创新村民互动交流方式，利用数字媒体技术组建社区村民微信群、社区党群服务微信群以及邻里互助微信群等线上平台，通过线上线下相结合的方式，逐步形成更深层次的社区互动参与网络。

（2）培育社会组织，强化社区内生力量

农村社区社会组织是社会组织的一个重要类型，主要是指由社区成员举办，主要在社区范围内活动，以满足社区成员的公共需求为根本目的，也可以通俗地将其称为社区民间组织。农村社区社会组织大都基于血缘和地缘开展活动，在社会组织活动过程中，村民与村民、村民与社区之间不断交流互动，能够促进村民对社区的认同，进而逐步增强村民参与社区活动的积极性，以强化农村社区的内生力量。

根据调查发现，大多数农村社区都存在一定数量的社会组织，但村民对社会组织的信任程度、认同程度以及参与程度都相对较低。因此，应不断培育社区社会组织，强化农村社区内生力量，增强村民对社会组织的信任、认可和参与。因此，一是要创新农村社区社会组织孵化培育方式，积极探索农村社会组织培育新门路。例如，村庄可以依托社会工作站，开设"红社培育"服务项目，开展社会组织反哺式培育。二是要深化以社会组织为重要载体的五社联动工作机制，提升农村社区社会组织的内生力量，构建多方主体间互联互动的联动网络体系。三是要积极动员村民参与社会组织的积极性，提高村民对社会组织的认可度与信任度。

（三）完善农村智慧社区整体性治理

农村智慧社区是指以信息技术为基础，在多元主体共建共治的基础上，以农村居民需求为导向，以提高居民生活幸福感与获得感为目标的农村社区。

根据整体性治理理论分析框架，结合农村社区面临的整体性治理困境，可以从以下两个方面推动农村智慧社区整体性治理的完善与发展。

1.提高农村居民适应性

（1）释放居民参与活力

通过实地调研可以发现，居民参与社区治理较为被动的原因主要集中于以下两个方面：一是居民缺乏"智治"理念，利用信息技术参与治理的能力欠缺；二是社区的奖励性措施不完善，难以起到一定的激励作用。因此，要提高农村居民的参与主动性，一要培育农村居民的"智治"理念，二要完善社区的奖励机制。理念培育与奖励机制相结合，提高居民参与社区治理的主动性。

首先，政府可以动员社区，充分利用各个网格村的喇叭、广播，对智慧社区中的"高科技"进行讲解，传递"智治"理念，分批组织居民到智慧社区综合管理平台进行参观，让居民实地体验与操作"高科技"，增强居民的体验感，营造居民共同学习、广泛接受的氛围，通过发送短信、微信推文等方式，广泛、持续传播共治理念，营造浓厚的社区参与氛围，提高居民参与度；其次，可以充分利用老年人时间多的特点，采取上门发送传单、面对面交谈等方式，渐进式地向社区老年居民推广信息技术使用方法，激发老年群体对信息技术的兴趣，增强老年群体在智慧治理中的活跃度；最后，完善奖励措施，如对于参与智慧社区的建设与治理、参与社区的各项活动的居民，每参加一次就能获取相应的积分，利用所获取的积分兑换"米面粮油"，评选突出参与表现者，设置"参与积极奖""参与突出奖""最佳贡献奖"等奖项，制作荣誉奖状、荣誉奖牌张贴在居民家门口，增强居民参与农村智慧社区治理带来的荣誉感，使居民参与从被动转为主动。

（2）强化宣传培训作用

技术嵌入治理应该是手段，而不是目的。因此，政府要多手段并用，提高社区居民的认同度。实际上，农村社区治理的信息化运用，除了要了解其现实需要的治理者外，还要充分发挥其主动性，只有这样，技术和治理创新才能真正实现智能交互。要破解技术嵌入社区治理的风险性困局，就要发挥社区的宣传培训作用。

首先，政府可以与媒体进行合作，整理细化智慧社区建设细则及效益，通过媒体平台、智慧社区管理平台等与居民进行充分有效的交流与对话，不断收集居民的相关疑问，并以座谈会或者茶话会之类的形式为居民提供解答服务，提高居民对于技术治理的认知度，利用横幅、社区广播、宣传栏、智慧社区平台宣传手册等多重手段消除居民的顾虑与误解。

其次，线上咨询与线下宣传结合。政府可以动员运营技术人员作为客服，耐心回答居民关于智慧社区方面的疑问和要求，借助微信平台，用链接的方法发布给居民，通过寓教于乐的方式，实现信息技术培训的直观性、生动性和便捷性，从而有效解决农村居民理解困难、效果不理想等问题。政府在线下要积极开展智慧公共服务体验活动、老年人专项培训活动、居民参与活动，邀请相关领域的专家为居民开展有关智慧社区运作原理、平台使用方法的科普讲座，居委会与社会组织联动组织宣传，促进社区居民互动交流。在日常活动中，将学习与娱乐相结合，如举办节日晚会、文娱比赛活动、智慧社区相关平台使用知识竞赛以及公共事务议题会议等，拓展居民参与的渠道与形式。

最后，促使智慧社区专题讲座常态化。政府要确保每周都有相同的活动开展，方便居民合理安排时间，也可以开展一对一教学指导、上门培训，淡化居民对新兴技术的不信任感。

2.明确智慧社区功能定位

（1）多渠道识别居民诉求

整体性治理的关键在于满足居民多元化的需要，提供无缝隙、无遗漏的公共服务，以收获更好的治理效果。农村智慧社区要实现对居民需求服务的精准对接，首先要对居民所需进行精准识别。为此，政府需要利用信息化的手段和工具，基于既有的智慧社区管理平台，建设并完善居民需求表达渠道，使平台的诉求表达功能真正用起来、活起来。同时，要利用好智慧社区综合管理平台以及居民端、网格端小程序等，畅通居民的线上表达渠道，提升居民线上渠道的利用率，从而使智慧公共服务的技术性供给体现整体性治理的价值要求。线下也要把握好本社区居民代表大会、网格员会议以及党支部会议的作用。智慧社区所利用的技术手段仅仅能够帮助我们收集、处理和分析必要的信息，但是治理难题的化解最终还需要我们对居民诉求上存在的分歧和价值上存在的冲突进行必要的调解。从这方面来看，智慧社区是缺乏灵活性的。利用线下识别、整合机制实现与线上手段的优势互补，并在一定时间内对居民的诉求进行反馈，才能破解居民诉求识别模糊的困境，为进一步精准提供智慧公共服务打下基础。

（2）精准对接居民需求

智慧社区是从经济发达省份借鉴来的治理创新产物，不同地方的社区居民针对智慧社区提供的线上服务也有着不同的标准，各地政府要突出当地居民的需求，根据他们的实际需要提供有针对性的智慧服务。农村智慧社区建设不能搞一刀切，政府要结合本地区居民的组成成分和现实需要，因地制宜地打造有针对性的农村居民智慧公共服务。根据农民个性化、多元化的服务需求，不仅要设置普通的智慧服务，而且要采用与之相适应的新模式，以信息技术为依托，解决服务缺失的问题，提高社区服务的准确性。

首先，应当根据社区内的不同群体，通过人员分类以及公共服务需求分类机制，提高社区公共资源利用的灵活性。其次，要定期发布社区内的公共事项，实现信息公开透明，以便居民能够充分获取信息，满足居民的信息需求。最后，要加大对社区老年人群体普及信息技术的力度，配备专人对居民服务需求开展登记、分配、回访等工作，要根据智慧社区建设战略规划，在回应广大农民的实际需要和根本问题的基础上，构建功能多元、形式多样的智慧医疗及智慧养老板块，实现供需及时对接以及服务有效供给。

第四章　新时代城乡社区治理法治化的基础理论

城乡社区是社会的基本组成部分，可以说没有城乡社区治理的法治化，就不会有国家治理能力的现代化。推进国家治理现代化，创新社会治理，关键的一个内容是推动国家和社会治理的法治化。想要进一步加强新时代城乡社区治理的法治化建设，就要从城乡社区治理法治化的基础理论开始着手。

第一节　城乡社区治理法治化的内涵和特征

一、法治与法治化

（一）法治与法治化的概念

要想完整地理解城乡社区治理法治化，首先要认识何为法治，法治被认为是当代最具正当性的统治方式，关于其最早的论述来自古希腊哲学家亚里士多德，他对法治的解释主要包含两个方面：一是普遍守法，二是良法之治。英国法学家戴雪（A. V. Dicey）是现代法治理念最早的总结者，他提出英国政治的两大特征为议会主权和法律至上，法治与专断权力相对，法律面前人人平等，宪法只是个人权利之果，并非权利的来源。之后，有人将戴雪的法律主治理论进一步理论化，最终形成了 20 世纪英国主流的法治观念。

实际上，从字面意思来理解法治是很简单的，法治即"法律的统治"，与人治相对，要求法律至上、规则至上，法律在国家和社会治理中享有至高权威，获得普遍的遵守，当其他规定与法律相冲突时，要以法律为准。法治是规则之治，排斥人治的不确定性，避免独断和任意，整个社会在法治体系中能享有一套相对稳定和明确的行为规范。

法治化则是将国家治理纳入法律框架中来，以法律为依据，实现对国家治理的规则之治。无论是公民个人，还是行政机关的行为都要遵守法律规定和法定程序，一切活动都要在法律设定的框架下进行。法治化是一个动态运行的过程，强调主体行为的制度化和规范化，整个过程是不断完善和发展的。

经过上述分析，我们可以认为法治化指的是多元主体在党的领导、人民当家作主与依法治国有机统一的前提下，以法治为手段，运用法治思维和法治方式，管理各项事务，增加人民福祉，将社会的运行纳入法治的轨道，实现治理的法治化转型，使得治理达到良治、善治的目的。这里的法治并不是狭义的法律，其基础是国家强制力保证实施的国家法律，在国家法律之外还存在其他规范，这种以制定法律为基础、以民间传统规则为补充的制度体系共同推动了法治化进程。

在我国的现代化进程中，党的十八届四中全会确定了"建设中国特色社会主义法治体系，建设社会主义法治国家"的总目标，习近平总书记提出"坚持系统治理、依法治理、综合治理、源头治理，提高社会治理法治化水平"的法治理念。中国几千年的封建君主专制制度体现的是皇权社会，整个朝代更替兴衰没有跳出"集权—放权—再次集权"的历史规律，受到传统历史周期的影响，"人治"思想在中国社会存在根深蒂固的遗留和渗透。

与"人治"相对的是"法治"，国家治理现代化有五个基本要素：一是制度化，规范公共权力运行；二是民主化，治理的出发点和制度设计目的在于保障人民民主专政；三是法治，让宪法和其他子法成为公共治理的最高权威；四是效率，国家治理达到社会秩序稳定的效果；五是协调，国家各种制度体系和系统协调运作。上述五个要素中民主和法治地位最重要，是国家治理现代化的本质要求，没有民主和法治就没有国家治理现代化。

不同学者对"法治"的界定有所不同，一些学者对法治进行了界定，包括法律秩序、财产权和合同履约等；也有学者对其进行了区分，如行使权力的官僚组织执行法律，或者行政机构和其他任何主体都受到法律约束。根据古希腊哲学家亚里士多德的概括，法治应包含两层含义，即"成立的法律获得普遍的服从，而大家服从的法律又应该是制定良好的法律"。

（二）法治与法治化的内涵

1. 治理方式法治化

法治意识是统筹多元意识，整合社会矛盾的有力抓手。法治社会建设是社会主义制度优越性与实践科学性的精确契合，是平衡治理与管理矛盾的内源性动力。法治社会建设的现实目标之一就是谋求法律与公民意志在法治上的认同。从新民主主义革命对法治建设的不懈探索，到依法治国基本方略的提出，中国共产党始终在摸索适合中国社会发展的法治建设之路，探索适合法治生存的空间，谋求法治社会建设的制度土壤和实践土壤。

自法治社会建设以来，政府管理与社会治理之间的鸿沟就一直存在，社会治理的有效性也因此减弱。传统的社会治理由于时代局限，政府会采取暴力的压制方式，不利于社会秩序的长期性和稳定性。社会治理所追求的目标是维持社会秩序，克服社会运动中的混乱因素，而法治社会的发展为社会治理提供了新的方法。法治建设的目标之一是追求良法善治，实现多主体治理联动，凝聚治理能力。法治是重要的社会调节机制，维护社会秩序与社会规则，尽可能避免各种社会失范行为的产生，通过理性引导使人的行为更加审慎化。促进社会有序化，破解公权力的制约瓶颈，将法治推向更高的发展阶段。法治是衡量善治的一个标准，法治解决的是社会秩序的有序性和合法性问题，只有这一问题得以解决，才能真正取得社会治理的有序性和权威性，进而为群众获得幸福感提供有利环境，为法治社会建设提供利于其生长的实践土壤，改变传统的单向治理模式，实现国家与社会的深层次良性互动。

2. 解决矛盾方式法治化

习近平总书记在党的十九大报告中指出："我国社会主要矛盾已经转化为人民日益增长的美好生活需要和不平衡不充分的发展之间的矛盾。"通过这一判断我们可以得出结论：我国法治的主要矛盾已经转化为人民日益增长的法治建设需要与法治发展不平衡不充分之间的矛盾。

新时代法治建设发展中产生了供给与需求不平衡的矛盾。为了平衡法治社会建设中供需不平衡的矛盾，需要促进法律与社会规范的整合与协调。实现法治社会制度规范的多元化需从两个层面进行考量：其一，提升社会规范质量，实现社会规范与法律的整合，加强二者在观念制造与设计建构之间的衔接。其二，实现社会规范补全，要拓展规范制定的领域，以社会矛盾为主要依据，创新规范操作的方式方法。

3. 主体素养培育法治化

法治作为一种治国方略、一种社会治理状态和一种生活方式，其在构建过程中必须争取最大限度的社会共识。本质上依法治国的法律直接关乎每一个公民的自由与权利，关乎国家的民主与文明，关乎社会的正义与和谐，关乎政府的正当与节制。全面法治就需要法治国家、法治政府、法治社会一体建设，一个直接关系国家治理、政府行为及社会生活的浩大工程的影响势必会覆盖到各地区、各领域、各行业和每一位公民。

可以说，在国家与社会治理方式上，由人治转为法治的过程是一场从思想到行为的革命。显然这一影响深远之革命不能也不应该由少数人完成，必须有一种持续而有效的全民动员来争取全民的认同以及自觉和积极地参与。既然是推进法治，这种动员显然不能仅仅依靠国家政策号召、行政命令强制，更不能通过群众运动突击，而必须借助公民法治意识的文化引导。

4. 法治政府建设视角的法治化

"法治"的作用越来越突出，在社会主义建设的新时代，也需要在政府建设、社会治理等领域实现法治目标。习近平总书记多次强调，法治政府建设是推进全面依法治国的重点任务和主体工程，具有示范带头作用。在实践中需要发挥法治政府建设的率先垂范作用，构建职责明确、依法行政的政府治理体系，推进全面依法治国的系统工程。

习近平总书记同样指出，法治社会是构建法治国家的基础工程，社区治理是社会治理现代化的重要方面，也是法治社会建设的应有之义，应在社区治理中同步推进治理法治化。而法治政府建设与社区治理法治化在实践中密切相关，能为社区治理法治化提供平台和制度建设基础，也能为社区治理法治化提供保障，在实践中发挥法治政府建设的指导作用，推进社区治理法治化的实现，能统筹推进国家的总体战略目标。由此，作为社会治理的"最小单元"和"末梢神经"，社区治理工作中可以发挥法治政府建设在推进社区治理法治化方面的突出作用，在治理中将法治作为社区治理的基本规则，用法治政府建设理论指导实际，构建社区居民共建、共治、共享的治理格局，推进实现社区治理法治化的建设目标。

5. 社区治理目标层面的法治化

法治化是国家治理现代化的必由之路，作为国家治理体系的重要方面，社区治理也应在治理实践中确立法治化的治理目标，在治理领域推进法治化治理。社区治理法治化中所强调的"法治化"是将人治、法制等非法治治理状态逐步向法治状态转化的发展历程，是指为实现社区政治、经济、文化等领域的有序高效发展，多方治理主体以法律法规和行政规章为行动指南，利用多种参与渠道共同治理社区，推动社区治理向规范化和法治化迈进。

法治建设需要发挥人民群众的作用，通过各种途径和形式管理国家事务，此时民众需要具备法治意识，拥有运用法治思维解决问题的能力，而社区正是培养居民法治意识、提升居民法治素养的重点领域。社区治理法治化能在社区实现全面尊法、用法的法治氛围，在居民间传播法律知识，培养居民的法治观念，在革新治理手段的基础上，实现居民治理能力和治理水平的同步提升。

而居民法治意识的增强，能实现居民与自治组织、与政府之间的良性互动，便于在居民中推广新政策、新制度，使社区居民在了解政府推行政策的构想和措施后，理解其制度背后的深意，从而培养居民长远的战略目光。社区治理法治化可以实现法治政府、法治社会、法治国家与城市社区治理之间的良性互动，为在全社会实现法治治理目标培育沃土。

（三）社区治理与法治的关系

易有禄在《城市社区法治化治理：目标定位、要素构成及路径选择》一文中指出，城市社区法治化治理，是指党组织、基层政府、居委会、社区组织以及其他治理主体等行动者树立良好的法治思维，城市社区治理的制度体系完备健全，城市社区治理行为依法进行的良好的现实状态，同时指通过法治方式达致城市社区善治状态的路径[①]。深入研究社区治理的法治化，首先必须明确社区治理本身和法治化之间的关系，在社区治理的模式中，从法治的价值目标、内容和手段的角度研究两者内在的逻辑关系。

1. 法治是社区治理的价值目标

社区治理的发展变革是为了实现社区的善治。而善治的最理想状态是法治化的治理模式，在《城市社区治理法治化的理论偏误及体系改进——以 C 市 Q 区的实践为分析样本》一文中，胡业勋认为这种治理模式"更注重多元主体的平等参与、资源共享、协调合作和权责分担"[②]。法治作为社区治理的目标，强调的是从管制到自治的转变，和西方模式不同，中国社区自治具有自身的特色，党委政府在共治格局中仍然处于强势地位，此外，社区治理情况比较复杂，因此，首先需要将法治所包含的民主、公正、公开等要素，作为社区治理的价值目标。例如：在以党建为引领的共治模式中，以坚持党委领导为原则，在法治的框架内，发挥社区其他各主体的主观能动性、独立性和创新性，通过合作、协商、沟通等方式，构建政府和居民、政府和企业、社会组织和居民之间新型的法治化关系。其次，党委和政府的权力运行和行为要受到法治的约束和限制。法治是一种规则

① 易有禄，熊文瑾.城市社区法治化治理：目标定位、要素构成及路径选择［J］.南昌大学学报（人文社会科学版），2022（6）：82-92.
② 胡业勋.城市社区治理法治化的理论偏误及体系改进——以 C 市 Q 区的实践为分析样本［J］.中国行政管理，2020（3）：150-152.

之治，法治通过发挥规范、评价和引导功能，使得党委和政府在法治范围内运行权力，依法行政，树立限权思维、程序思维。最后，其他社区主体也需要在参与社区治理中遵循法治原则，认同社区各项规则，正当行使权利，积极履行义务，正确表达权益诉求，做到理性治理，这是社区走向法治化的基础。

2. 法治是社区治理的重要内容

社区是国家治理的延伸，是社会基层治理的单元，也是居民实现自治的平台。多元主体之间不同的利益诉求容易产生内部的冲突性和对抗性。因而需要硬法和软法在社区治理中发挥作用。硬法发挥基础性和框架性作用，软法制定更简单灵活，解决矛盾和纠纷更高效，社区的规范运行需要"软硬兼施"。社区居民作为社区的主体，其法治素养体现了社区的治理水平。和乡土社会不同，社区基本是陌生人社会，邻里之间没有血缘、姻亲关系，行为规范需要以契约为基础。人们需要在寻求共同利益中找到最大公约数，即体现全体业主意志的社区管理规约、业主议事规则等，这是通过正当程序、民主协商而产生的，体现了全体业主的意志，也是社区治理法治化的基础。

3. 法治是社区治理的重要手段

党的十九大报告明确提出了"打造共建共治共享的社会治理格局"，尤其强调"加强社会治理制度建设，完善党委领导、政府负责、社会协同、公众参与、法治保障的社会治理体制，提高社会治理社会化、法治化、智能化、专业化水平"。在社区治理方面，指出"加强社区治理体系建设，推动社会治理重心向基层下移，发挥社会组织作用，实现政府治理和社会调节、居民自治良性互动"。政府治理和社会调节、居民自治良性互动的实现，需要建立在法治的基础之上。公民权利的保护、社会公共性的培育尤其是社区自治目标的实现，需要有法治的保障。从法律的功能来分析，法律对于调节多元主体、多元需求、多元机制产生的矛盾和冲突，发挥着重要的作用。

第一，法律能够为社区多元治理主体明晰边界。法律通过对权利和义务的划分、权力和责任的界定，引导社区治理各主体在法律的框架内有序活动，通过制度化和规范化的设计，制约和约束社区治理过程中政府权力的扩张，保障社区居民及社区内社会组织等主体的自治权利，为物业公司或开发商等市场主体的市场行为提供合理的预期，规范各主体的行为，促进多元主体的和谐稳定，形成社区治理的多元主体体系，保障社区自治，实现秩序和正义的目标。

第二，法律能够为社区多元治理主体提供纠纷解决机制。社会流动性不断增强，劳动力、资本、商品等要素不断流动，社会的不确定性在增强，伴随而来的社会风险也在不断增强，给城市社区的治理带来了很多问题。比如，人口流动带来的治安问题，在一些城中村或者城乡接合处的社区，邻里之间没有信任基础，人与人之间的交往缺乏规范，容易引发民事纠纷、治安事件甚至犯罪活动。同时，市场经济的发展促使城市治理主体和利益多元化，居民的政治参与意识和参与社会治理的需求在不断增长，但制度供给的不足使得社区并未形成完善的规范秩序。比如，城市拆迁和老旧小区改造产生的矛盾，医疗、教育和养老等资源的不足引发的冲突，以及一些城市设施的修建产生的公共利益和社区居民权利之间的纠纷等。法治可以为冲突双方或者多方提供救济程序，在法律程序中冷却矛盾冲突，在矛盾分解和化解中使城市的秩序正常运转，避免冲突的社会化和非理性化。社区治理法治化的程度反映了城市市场化和现代化的文明程度。

二、城乡社区治理法治化的内涵与本质

（一）城乡社区治理法治化的内涵

1. 城乡社区治理法治化与法治体系

（1）城乡社区治理法治化的相关观点

①城乡社区治理法治化是指参与社区治理的多元主体在宪法、法律、法规和政策的范围内活动，使社区建设日趋法治化。其中这些主体主要包括政府、居民、群众性自治组织和社会组织，在原先单一的政府治理基础上，居民、社会组织和辖区单位都有机会成为参与社区治理的主体。

②城乡社区治理法治化突破了长期以来社会治理忽视法治因素的局限，为社会治理体系和治理能力现代化提供了制度性的保障，进而有利于推动治理理论的研究进一步丰富与完善，切实将法治路径作为管理与政治路径的补充嵌入公共行政学的框架体系内。缺乏法治嵌入的治理制度已经难以回应多变的社会带来的重重挑战，只有法治化的道路才能提高社会治理的精细化程度，进而利用明确的法律定位回应层出不穷的治理难题。在法治中国建设的大背景下，社会力量在法律范围内踊跃参与社区治理，发挥其应有的作用，社区治理模式更趋法治化，社区治理迈向制度化、法治化时代。

③现阶段城乡社区治理法治化水平相对薄弱，在其治理过程中新老问题层出不穷。党的十九大提出要构建共建共治共享的现代化社会治理新格局，强调要使社会治理的重心向社区进行下移，创新城乡社区治理新模式。城乡社区治理法治

化的实质是为使农村及城市社区内的各项活动与领域有序发展，从而将法治思维应用于社区治理模式。

④城乡社区治理法治化的定义是指在党的坚强领导下，整合各项资源，根据民主法治的原则，依据各项法律法规、社区自治章程、社区公约等对各类社区事项与活动进行有效治理。一方面加强基层民主法律法规建设、加强各方面法治资源投入；另一方面强调多方主体参与合作，运用法治手段来处理社区事务，使居民在生活中充分感受到民主与法治。

⑤城乡社区治理法治化是指在农村及城市中，为使社区内的各项活动与领域稳定有序地发展，以各项成文的法律法规和行政规章等"硬法"为指导、以社区居民公约、小区条例、法治思维等"软法"为标准，积极践行社会公序良俗，组织动员多方渠道共同参与治理，推进社区治理的法治化与规范化。用法治手段来推进社区治理是城乡社区治理的基本方式与方法。

综上所述，我们可以认为城乡社区治理法治化是城乡社区多方主体在党的领导下，在法治手段的规范下，通过多种途径参与社区事务管理等各项活动的总称。

（2）法治体系的相关观点

习近平总书记强调，推进国家治理体系和治理能力现代化，要高度重视法治问题。依法治国是我国的基本方略，全面依法治国需要坚持法治国家、法治政府、法治社会一体建设。社区是社会治理的"最后一公里"，故社区治理也应当以法治为手段。要在全面推进依法治国上取得新突破，必须确立一个总揽全局、牵引各方的总目标、总抓手，而法治体系就是这样一个理论概念和总目标、总抓手，它明确了依法治国各项工作都要围绕法治体系来推进。

社区治理法治化是依法治国各项工作中的组成部分，也应当以法治体系为总抓手。何为法治体系？《中共中央关于全面推进依法治国若干重大问题的决定》中解释道，需要"贯彻中国特色社会主义法治理论，形成完备的法律规范体系、高效的法治实施体系、严密的法治监督体系、有力的法治保障体系，形成完善的党内法规体系"。这意味着，法治体系的建立不仅需要健全的法律法规体系，还需要将法治理念贯彻到治理的全过程中，更需要法律的实施以及对法治的监督和保障。

有人认为，法治体系概念的提出是法治化进程的一个新阶段，标志着国家不再只重视静态的法（即立法），同时也开始注重动态的法（即法的实施），体现了从静态到动态的转变。静态的法由诸多法律法规构成，如果没有人去实施与执行，它也仅仅是简单的存在，没有价值、没有生命；动态的法治体系则不一样，它包含着对法律条文的有效运行与适用，能够彰显法律所具有的特别的价值。它不再是立法者一人的活动，而是需要更多的主体、对象参与其中——需要不同的社会主体去实施，需要法律所授权的主体去执行，需要党、媒体、人民群众去监督。

有人则从理论和实践层面对法治体系进行了解读，认为法治理论体系包括核心价值观、法治观念等在内的诸多意识形态，法治实践体系包括上述静态的法和动态的法，即包含立法、执法、司法和法律监督等方面，是与法有关的许多过程的有机整合。要形成社会主义法治体系，必须将法治理论体系和法治实践体系结合起来，两者是不可分割的组成部分，充分把握两者的性质与含义，才能准确界定社会主义法治体系。其实法治体系不仅包括《中共中央关于全面推进依法治国若干重大问题的决定》中概括的内容，还应当包括诸如乡村民约、行业规定、团体规章等社会规范体系，这些规范也是法治体系的重要组成部分。

如果按照领域对法治体系进行划分，还可以分为政治法治体系、经济法治体系、文化法治体系等。法治体系不是指某一方面需要用法律进行治理，而应当是社会的各个层面都需要以法律为基础进行治理。

法治体系是一个非常宏观的词语，概括的内容非常多，既包括从静态的法到动态的法的一个进程，也包括相辅相成的理论和实践层面的法治体系，更包括各种社会规范体系和社会各个层面运用法律对事务进行治理的体系。法治体系是动态的法，这是其与法律体系最大的区别。法律体系是法治体系的前提，法治体系在法律体系的基础上，对不同的法律进行运用、实施、监督，法治体系不再停留在纸质层面，是动态的法。任何规则在制定时都不是凭空想象、毫无目的的，都需要以一定的指导思想或者相关的意识形态为支持，甚至这些理论层面的内容会贯穿整个立法、执法、司法活动的全过程，对这些活动起指导作用。

因此对法治体系进行理论层面和实践层面的划分不无道理。法治体系包含的内容非常广泛，所有与"法"有关，可能不是成文法律，甚至不是习惯法，仅仅是对一定范围内的个体或群体起规范作用的村规民约或行业规范，也是构成法治体系的重要部分。法治体系是指运用法律或者类似法律的规则、条例对社会事务进行治理所形成的规范化管理，是对法治体系最全面的概括。它不局限于只能是依照法律治理形成的才是法治体系，而是跳出法律这个圈子，将范围扩大到团体规章、行业规则等，十分有新意。

城乡社区治理法治化应以法治体系为抓手，在意识形态层面将法治精神贯穿于社区治理，在实践操作层面将立法、执法、司法相结合；在静态层面完善城乡社区治理法律法规，在动态层面对城乡社区治理法律法规进行运用、实施、监督；更重要的是城乡社区治理法治化应审慎考量社区基层背景，充分发挥自治规约等软法的作用，通过纠纷调解机制，化解社区矛盾，对社区各项事务进行管理。

2. 城乡社区治理法治化与"枫桥经验"

首先，"枫桥经验"可以与城乡社区治理法治化相结合。"枫桥经验"核心的内涵是依靠群众就地解决纠纷、矛盾不上交，体现着具有中国特色的基层治理智慧。时代在变化，"枫桥经验"的内涵也应该适应时代发展进行创新。把基层矛盾解决好，要创新发展新时代"枫桥经验"，不断提升基层治理水平。当前，提升基层治理水平需要注入法治化动能，依法化解基层矛盾纠纷，依靠调解与自治将矛盾化解在基层，破解基层社区治理难题。

其次，城乡社区治理法治化与"枫桥经验"具有相通之处。城乡社区治理法治化建设的主旨是运用法治思维处理城乡社区各项事务，及时处理各项矛盾，理顺城乡社区关系，以便完善城乡社区治理体系，提升城乡社区治理能力。如何实现城乡社区法治化，最主要的措施将落足于自治规约等软法的约束作用以及健全的调解机制推动长效治理。这与"枫桥经验"的内涵不谋而合。

"枫桥经验"是基层社会治理的经验，而城乡社区治理法治化则是对基层社会治理的手段、措施；"枫桥经验"的核心是就地解决纠纷、矛盾不上交，而城乡社区治理法治化的宗旨之一是及时处理矛盾。二者在治理方法与治理目的上有相似之处，但城乡社区治理法治化所包含的内容超出"枫桥经验"的内涵，是对"枫桥经验"的发展与创新。

矛盾就地解决是"枫桥经验"的内涵之一，调解是化解城乡社区矛盾的方式之一。"枫桥经验"中展现的就地调解的灵活性和多样性，决定了调解不必在程序上墨守成规，更有利于推动城乡社区长效治理。

城乡社区治理中涉及的矛盾不是必须依靠诉讼途径来解决的，往往存在着多样化、可选择的纠纷解决方式。相较诉讼程序固定、经济成本高，调解的高效和灵活性更适合社区治理中纠纷的解决。此类纠纷不同于一般的民商事纠纷，多是日常生活中的琐事，当事人可能不愿意花较多的时间成本和经济成本进行诉讼。调解则不同，一方面，进行调解的时间不是法定的，当事人可以根据各自的空闲时间协商确定调解时间和调解地点，甚至可以运用科技手段，如微信群等互联网交流平台进行沟通，这样的便利性和灵活性是诉讼无法企及的。另一方面，调解是基于双方当事人自愿，当事人就争议达成一致意见调解方可成功。而成功的调解意味着纠纷的真正化解，当事人心甘情愿地履行调解内容。运用诉讼方式解决纠纷，是法官居于中间地位，对案件进行公平公正、合法的裁量，但是否符合双方当事人的诉求则不一定。

因此，相较于诉讼，调解更能真正化解矛盾根源。发动和依靠群众是"枫桥经验"的另一内涵，自治是城乡社区治理法治化的另一手段，二者紧密相连、密不可分。城乡社区治理法治化除了依靠调解机制化解纠纷，更重要的是需要城乡社区居民充分运用自治权进行自我管理、自我约束，形成共建共治共享的治理格局。而无论是自治权的运用，还是共治格局的建立，都需要城乡社区居民共同参与到社区治理中。在城乡社区治理中，发动和依靠群众自治，是"枫桥经验"与社区治理法治化建设的有机结合。

进入新时代，我国社会不断发展，社区治理面临的难题不断变化，"枫桥经验"需要顺应时代需要，丰富其内涵，发展、创新适应当前基层社区需要的治理经验。可以说，"枫桥经验"中新乡贤坚持德治、法治、自治"三治合一"的路径参与基层社会治理，是对传统基层社会治理经验的推陈出新；城乡社区治理法治化是新时代"枫桥经验"的新实践。

3. 城乡社区治理法治化与完备的法治化制度构建

首先，完备的制度是实现法治化治理的前提，在制度建设中首先要确保党的领导作用，党的领导是社会主义法治建设最根本的保证。基层党组织应在推进社区治理法治化中发挥领导作用，在实践中将治理法治化落实在基层，同时发挥基层党组织的纽带作用，密切联系社区内群众，为群众分忧解难。

其次，城乡社区治理法治化要拥有完备的法治体系，其中包含健全的城乡社区治理法律体系与城乡社区公民约定俗成的居民公约。城乡社区治理需要有制度性的规范来明确参与主体的法律地位，需要有成文性的规定来赋予其他参与组织权利，并为其提供法律保障。与此同时，城乡社区治理涉及居民生活的各个方面，更需要有居民认可的、保护居民利益的软法来提供帮助。

再次，城乡社区治理法治化要有切实有效的参与制度。参与城乡社区治理是广大人民群众依法享有的权利，与居民的切身利益息息相关，居民参与社区治理环节才能直接维护人民群众的切身利益，居民才能在行使自身权利的基础上发挥监督作用，监督社会组织、社区居委会依法行使职权。

最后，要拥有常态化的治理机制，城乡社区治理的过程中需要构建合理、合法、有效的治理机制，并采用法治手段进行社区治理，将社区内的各方主体和各项事务都纳入法治化、常态化轨道，在制度层面圈定各治理主体的治理权限及职能，协同构建科学、合理的治理机制。

4. 城乡社区治理法治化与多元共治的法治化运行

首先，城乡社区治理法治化需要完备的法治文化建设，法治文化建设是现代民主法治的灵魂。法治文化建设内化在社会运行的细节里，体现在人们日常的行为中。法治文化建设要求社区内的公民具备一定程度的法治意识和法治素质，只有公民将法治内化为自愿自觉的行动，形成知法、用法、尊法、守法的良好氛围，才能推进法治文化建设，才能实现社区整体的法治化，才能滋润国家法治建设的土壤。

其次，城乡社区内需要拥有专业的法治人才队伍。"徒法不足以自行"，人才是推行治理法治化的关键性要素。习近平总书记多次强调，法治工作队伍是国家治理队伍的重要力量。城乡社区治理法治化中也需要构建一支法治人才队伍，为保护居民的合法权益和社区的公共利益提供专业的法律指导，同时也能辅助社区工作人员提升法治意识和依法办事的能力。

最后，城乡社区治理法治化要求社区内由多元治理主体共同发挥作用。在城乡社区治理工作中由社区居委会发挥最重要的统筹作用，在此基础上引进社会组织参与治理，充分发挥社会组织的辅助服务作用，并培养居民的法治参与意识，让居民代表走进治理环节，更能充分实现对居民切身利益的保障。

因此只有在确保党的领导的基础上，构建完备的法治体系、健全的参与制度、常态的治理机制，同时拥有完备的法治文化建设、专业的法治队伍、高效的社会组织，才能实现城乡社区治理的法治化。

（二）城乡社区治理法治化的本质

人类学、社会学相关研究表明，有时候冲突、纠纷并不仅仅与实际利益相关，还和关于纠纷的正义观、世界观等价值性因素有直接关系，甚至一些大的纠纷也没有牵扯多大的经济利益。在统一的文化系统中，社会自身虽然包含了许多制造矛盾纠纷的因素，但在健全的社会机制中，这些冲突与纠纷也应该由社会本身提供的机制予以解决，关键点在于机制健全。难点实质在于统一的文化系统在转型社会中很难保持，当脱离了地缘、血缘，具有不同认知水平、文化、宗教背景的人聚居在一起，如果不能逐渐形成价值共识，如果不能建立大致统一的世界观基础，人们之间不可能建立友好交往、协商、互助的机制，冲突与纠纷的化解难度便非常大。

城乡社区治理机制是否健全，关键在于城乡社区是否在街道办、居委会、村委会之外形成了活跃长效的自治组织。自治组织的功能除了组织居民共同管理社区事务、解决衣食住行的个体需求以外，还能增进居民之间的交往联结，建立信任，创造社区团结与"集体意识"。互动频繁、关系融洽、有凝聚力的社区生活不仅能满足个人的社会需要，也有利于个体道德性的重塑。

反观法律，法律虽为城乡社区提供了最基本的秩序保证，偷盗抢劫、暴力冲突只是极少地发生在某些角落；法律也建构了社区的组织体制，赋予了社区自治合法性，为社区自治获得其他资源创造了可能，为社区设定了通往和谐美好之路。然而，为什么在同样的法律背景下，和谐美好的社区存在，混乱无序的社区也存在呢？法律毕竟是"陌生人社会"的交往联结方式，人们之所以在享有权利的同时又履行义务很大程度源自对法律的敬畏。因而仅仅依靠法律联结的社区关系是疏远的、松散的。这样的社区可能是极其平静的，却很难称作"和谐美好"。

从表面上看，法律替代了血缘、地缘、道德情感等传统社会"共同体"的联结要素，也塑造了诸如城市新兴社区这样的新式地域生活"结合体"，但法律并不能真正成为社区联结的情感纽带——这正是社区自治的可为之处，也正是强调法律治理的同时强调其与自治、德治结合的缘由。

既然社区治理若仅仅在法律的框架下展开并不一定能使社区实现和谐美好，和谐美好的社区正是社区"善治"实现的表现。那么，城乡社区治理法治化便不是单指国家法律的参与，为社区治理提供保障，因为法治化的目标正是达致"善治"。由此，城乡社区治理法治化的本质就是法治、自治、德治三者相结合的一种良好的治理状态。

三、城乡社区治理法治化的特征

（一）国外社区治理法治化的特征概述

1. 美国社区治理法治化的特征

（1）美国社区居民法治意识程度高

美国于1776年颁布的《独立宣言》中就明确了主权在民、天赋人权等思想，1787年通过的《美利坚合众国宪法》更是世界上最早的成文宪法，美国法治理念和法治发展经过了几百年的历史，在这漫长的时间里，美国社区居民的法治思维、法治意识得到提升。在遇到矛盾或纠纷时，会主动运用法律维护自身的利益。

（2）美国社区治理相关法律非常完备

从宏观方面如《住宅和社区发展法》《国家和社区服务合作条例》，到微观方面如《家庭宠物限养法》等"皮毛法"，都对社区发展、社区管理进行了规定，为社区治理提供了法律依据。

2.新加坡社区治理法治化的特征

（1）社区组织体系非常完善

依法设立为社区提供服务和进行管理的非政府组织，对不属于政府职能范围内的社区事务进行管理。新加坡社区组织体系非常完善，形成了囊括政府公共管理机构、政府支持的公共服务组织等在内的治理组织体系，为社区治理法治化提供了力量支持。

（2）行政执法非常严格

新加坡执法部门严格遵循"法律面前人人平等"的法治理念，对违反法律的行为人都严格按照法律规定予以处罚，例如，对在公共场合乱扔垃圾的做法给予高额罚款，新加坡"花园城市"的由来与执法部门将惩罚落至实处有一定的关系。

3.德国社区治理法治化的特征

首先，德国基本法赋予了基层组织和社区高度的自治权，为德国社区治理采取自治模式提供了法律依据。

其次，不仅联邦议会出台了对社区进行管理的相关法律，各州议会也出台了相应的社区治理规定。从上到下、从国家层面到地方层面都拥有大量的社区治理法律规定，形成了完备的社区治理法治体系，为社区治理提供了制度保障。

4.日本社区治理法治化的特征

国家层面以法律的形式规定了地方享有自治权，但没有对町内会（类似于我国的村委会或居委会的居民自治组织）进行任何规制。町内会可以根据地方自治法的规定申请注册为"地缘许可团体"，但是自治会的自治范围、自治规则等内部管理事项，都由居民讨论、协商确定。

（二）我国城乡社区治理法治化的特征

1.渐进式治理

渐进式治理，是指从微观层面上，在社区中，从服务到建设，从建设再到治理的逐渐转变的过程。从宏观层面上，中央制定宏观政策和法律法规，基层社区在政策和法律法规的指引下，可结合自身情况发挥城乡社区自治，探索城乡社区治理模式。在中国特色社会主义制度下，在国家的宏观指导下，渐进式治理模式能为城乡社区治理法治化探索保驾护航。

2.倚重软法治理

倚重软法治理特征是指在我国特有国情和特有的中华民族传统文化背景下，我国城乡社区治理倚重软法治理手段，而非硬法，兼顾"天理、国法与人情"的有机统一。硬法是指需要国家司法机关与"暴力"机器所保证实施的强制性法律。相对于硬法，软法更具柔性与灵活性。

软法的制定主体也比较多元。在基层治理实践中，如政府规划纲要、指引、倡议、章程、公约、岗位职责、纪要等都属于软法治理的范畴。由于软法的内容更能贴近社会的公序良俗，在制定过程中，城乡社区居民主动参与的热情与意愿都比较高涨，所以软法更能"接地气"，备受基层社区居民的欢迎与认同，将其应用在基层社区治理过程中也更加有效。

同时，倚重软法治理孕育于我国注重人情关系、道德指引的背景，特别是在矛盾纠纷解决方面，更有"人情味"的软法在解决问题的同时，更能有益于人际和谐、社会和谐。它并非一定要靠国家机关来制定和保证实施，而且在制定过程当中涉及的范围更大，民众的参与度更高，如建议、意见、倡议等规范，这些情况就决定了它更容易与城乡社区居民的生活发生更加紧密的联系，也更容易得到大家的认同。

3.政府推进型治理

所谓政府推进型治理是指政府在法治过程中扮演领导和主要推动者的角色，法治在政府的目标指导下设计形成，主要借助和利用政府所掌握的本土政治资源完成，是人为设计和构建出来的。政府推进型治理大多数为发展中国家所采用，以期实现在相对较短的时间内构建法治国家的目标。

政府推进型治理特征在城乡社区治理法治化进程中长期存在，只是影响程度和角色、模式不同而已。中华人民共和国成立后，改革开放之前，我国社区治理模式受计划经济影响，政府对于基层社区管理基本采取行政式命令进行管控，对城乡社区治理起决定性作用，随着改革开放与社会治理的发展转型，政府转变观念与方式，由管控型方式转型为服务引导型方式，为城乡社区治理法治化保驾护航。

对于政府而言，一方面为城乡社区治理法治化的发展提供了政策指引，另一方面对城乡社区治理法治化探索出现的触犯宪法或原则性重大问题及时进行拨正。纵观城乡社区治理法治化推进的历程，不难发现其具有鲜明的政府推进色彩。例如，司法部、民政部等部门在全国全面开展法治文明城区创建工作，《关于在全国推进城市社区建设的意见》《关于加强法治乡村建设的意见》等一系列文件的印发。这些措施对城乡社区治理法治化的推进起到促进作用。

第二节　城乡社区治理法治化的理论基础

马克思、恩格斯、毛泽东关于社会管理和法治的理论为中国社会治理和社区治理的法治化奠定了理论基石，中国特色社会主义法治理论为社区治理的法治化提供了理论指导，习近平法治思想更为直接地论述了如何在法治轨道上推进国家治理体系和治理能力的现代化，这些理论为社区治理法治化的理论研究和实践发展提供了基础。

一、马克思、恩格斯和毛泽东关于社会管理和法治的理论

在马克思和恩格斯生活的时期，社会主义国家尚未建立，马克思和恩格斯关注的重点是共产主义革命，并未深入研究共产主义社会建设，因此并未形成完整系统的马克思共产主义社会管理与法治理论，但通过马克思与恩格斯在经典著作中的论述不难发现，其中蕴含着丰富的法治思想。这些法治思想对中华人民共和国成立后的社会建设和法治建设有重要影响。马克思关于法的本质的论述中认为法是统治阶级意志的体现，法的内容是由统治阶级的物质生活条件决定的。社会物质生活条件培植了人的法律需要，也决定了法的本质。马克思在《哲学的贫困》中写道："君主们在任何时候都不得不服从经济条件，并且从来不能向经济条件发号施令。无论是政治的立法或市民的立法，都只是表明和记载经济关系的要求而已。"所以无产阶级在取得政权后也不能盲目制定法律，必须从实际出发，制定符合经济基础又满足社会管理的需要的法律，应发挥法律在社管理中的积极作用。马克思在总结巴黎公社经验时指出，公社的第一个法令是取消常备军，用武装的人民来代替它。这是为了"防止国家和国家机关由社会公仆变为社会主人"，同时废除国家官吏，选民选举产生市政代表和法官等公职人员，其对选民负责，随时可以被罢免，并且废除官僚特权制度，自上而下所有公职人员只领取相当于工人工资的报酬。马克思强调，公社是一个实干的而不是议会式的机构，它既是行政机关，同时也是立法机关。恩格斯指出，资本主义法律维护的是资产阶级的统治和利益。法律只有在工人支配的政府手中，才能成为捍卫和实现人民利益的

最强有力的武器。恩格斯在《英国状况》中揭露的："虐待穷人、庇护富人，这在一切法庭竟如此普遍，做得如此公开，如此恬不知耻，报纸上的报道也是如此无耻，因此人们读报时没有不义愤填膺的。对待任何富人始终会异常客气，不管他的违法行为多么蛮横，'法官们总是非常抱歉'，不得不以通常都是微乎其微的罚款加以判处。在这方面，法律的执行比法律本身还要不人道得多。"只有在社会主义社会中，国家制定法律并非为了少数人的利益，而是真正为了维护社会的公共利益。因此只有在社会主义社会，才有真正的法治。根据马克思、恩格斯理论的要求，中国的社会治理要和中国的经济与社会发展现状结合起来，通过一系列政策和计划及有效措施，明确社会治理法治化的目标是为人民成为国家的主人、参与社会治理提供法治保障。

以毛泽东为核心的党的第一代中央领导集体继承了马克思主义经典作家的法治思想，在领导中国革命和建设的过程中，立足于本国实际，不断地认识到法的本质和作用、党法关系以及法治建设的规律。1949 年中华人民共和国成立后，为保障土地改革的成果和推进一化三改的进程，制定了一系列社会主义法律，为我国经济社会的稳定提供了良好的法律保障。

毛泽东的社会管理与法治理论的核心要义包括重视法律、人民民主专政、两类矛盾的不同管理办法。第一，毛泽东在中央人民政府委员会第十三次会议中谈及宪法的意义时指出："一个团体要有一个章程，一个国家也要有一个章程，宪法就是一个总章程，是根本大法。用宪法这样一个根本大法的形式，把人民民主和社会主义原则固定下来，使全国人民有一条清楚的轨道，使全国人民感到有一条清楚的明确的正确的道路可走，就可以提高全国人民的积极性。"这体现了毛泽东在社会管理中对于法律的重视，把宪法作为治国理政的总章程，全国人民要在法治轨道上行事，并把人民民主和社会主义写入宪法，体现了人民民主专政的国家和社会主义的本质。第二，毛泽东创立了人民民主专政理论，强调了在社会管理中保障人民当家做主的地位。毛泽东在《论人民民主专政》一文中曾明确指出："对人民内部的民主方面和对反动派的专政方面，互相结合起来，就是人民民主专政。""人民内部的民主"是说，广大人民群众在工人阶级和共产党的领导下，团结起来，组成自己的国家，选举自己的政府，管理自己的国家，享有广泛权利和自由。第三，依据两类矛盾应当实施不同的社会管理办法。1956 年，三大改造完成，社会主义制度在我国确立。对于社会主义社会是不是还存在矛盾，矛盾还是不是社会主义社会发展的动力的问题，社会上存在争论，毛泽东对此做了肯定回答。他指出，社会主义社会的基本矛盾，在政治上仍然通过阶级关系和阶级斗争来表现。为解决阶级矛盾进行阶级斗争仍然是社会主义社会发展的动力，同时进一步提出两类矛盾的理论，指出社会主义社会存在着两类不同性质的矛盾，即敌我之间的矛盾和人民内部的矛盾，其中敌我矛盾是对抗性的矛盾，人民内部的矛盾在劳动人民之间，是非对抗性的矛盾。在社会管理中应注意对两类矛盾采取不同的解决方法，对敌我矛盾采用强制的、专政的方法；对人民内部矛盾采用民主的方法或讨论的、说服教育的方法，即团结、批评、团结的方法加以解决。毛泽东在社会管理中对于法律和人民民主专政的重视以及社会主义社会有无矛盾的判断和两类矛盾的理论对当今社会治理法治化仍具有借鉴价值。

二、中国特色社会主义法治理论

中国特色社会主义法治理论坚持和发展了马克思、恩格斯、毛泽东的社会管理与法治理论，围绕着如何在中国特色社会主义社会治理中提供法治保障这个主题，在实践中不断进行理论创新并指导实践发展。

在1978年的中央工作会议上，邓小平就明确提出："必须使民主制度化、法律化，使这种制度和法律不因领导人的改变而改变，不因领导人的看法和注意力的改变而改变。"这一表述可以视为邓小平社会管理和法治思想的最佳概括，民主制度化、法律化是邓小平社会管理和法治思想的精髓。邓小平的社会管理与法治理论就是在解决社会治理问题的实践中，在总结经验的基础上实现了理论创新，是我党在探索具有中国特色社会主义的社会治理实践中创立的理论成果。

江泽民继承和发展了邓小平的社会管理与法治理论，面对社会管理涌现出的新的问题，为社会管理提供法治保障进行了新的探索。在新的历史起点，顺应社会发展需要，江泽民提出了要在社会管理中正确处理改革、发展和稳定的关系，正确处理新形势下的人民内部矛盾和加强社会安全综合治理。江泽民明确提出依法治国为中国治国理政的基本原则和基本方略。党的十五大报告中指出："依法治国，就是广大人民群众在党的领导下，按照宪法和法律的规定，通过各种途径和形式管理国家事务，管理经济文化事业，管理社会事务，保证国家各项工作都依法进行，逐步实现社会主义民主的制度化、法律化，使这种制度和法律不因领导人的改变而改变，不因领导人看法和注意力的改变而改变。"这表明了江泽民的社会管理与法治理论把法治在治国理政和社会管理中的地位提到一个新的高度，在我国社会管理中更加注重发挥法治的引领和保障作用。

进入新世纪、新阶段，我国经济社会发展处在一个高速发展的阶段，社会管理领域出现的矛盾和问题更加复杂多样。以胡锦涛为总书记的党中央总结历史与实践经验，直面社会管理存在的新矛盾和新问题，研究在新的历史阶段社会管理具有的特殊特征，为中国特色社会主义社会管理与法治理论增添了新内容。该理论以保障和改善民生为重点，建立健全社会保障体系，加强和改善社会管理。其中胡锦涛特别强调以法治手段化解矛盾和构建和谐社会。他认为，无论是构建和谐社会、正确处理新形势下的社会矛盾，还是正视矛盾、化解矛盾、最大限度地增加和谐因素、减少不和谐因素，都要按照民主法治、安定有序、人与自然和谐相处的总要求。胡锦涛特别强调了法治在构建和谐社会中的重要作用，明确指出："人与人的和睦相处，人与自然的和谐相处，国家与国家的和平相处，都需要法治加以规范和维护"，要"充分发挥法治在促进实现保障社会和谐方面的重要作用"。

三、习近平法治思想

新时代以来，习近平总书记进一步继承和发展了中国特色社会主义法治理论，形成了习近平法治思想。习近平法治思想作为新时代马克思主义法学思想中国化的最新成果，深刻揭示了中国特色社会主义法治发展的基本规律，为新时代全面推进依法治国、建设社会主义法治国家提供了科学的理论指南。"十一个坚持"集中性地概括性地体现了习近平法治思想的精髓、精华。从内容上看包含：坚持党对全面依法治国的领导；坚持以人民为中心；坚持中国特色社会主义法治道路；坚持依宪治国、依宪执政；坚持在法治轨道上推进国家治理体系和治理能力现代化；坚持建设中国特色社会主义法治体系；坚持依法治国、依法执政、依法行政共同推进，法治国家、法治政府、法治社会一体建设；坚持全面推进科学立法、严格执法、公正司法、全民守法；坚持统筹推进国内法治和涉外法治；坚持建设德才兼备的高素质法治工作队伍；坚持抓住领导干部这个"关键少数"。

从"十一个坚持"的核心内涵可以看出，习近平法治思想对如何在法治轨道上推进国家治理体系和治理能力的现代化进行了系统论述，全面回答了推进社会治理法治化若干重大理论与实践问题，包括社会治理的战略布局、根本性质、治理格局、主体地位、动力保障、基本原则、管理体制、治理机制、网络社会治理法治等。习近平法治思想具有鲜明的政治性、人民性、系统性、实践性等基本特点，理论指导现实，现实回应理论，通过法治引领实践，在建设现代化强国的道路上，应该综合运用法治思想去引领社会的发展、人类的进步、文明的发展。

新时代以来，习近平总书记进一步对法治概念进行系统研究，创造了一套科学完整的法治理论体系。"法治"就是法的统治，是以民主为前提和目标，以法律至上为原则，以严格依法办事为核心，以制约权力为关键的国家治理方式、社会管理机制、社会活动方式和社会秩序状态。法治必须以民主作为前提，没有民主就无法保证所制定的法律体现大多数人的意志，失去大多数人意志的法律就无法在社会中实行下去，法治也就无从谈起；同时民主也是法治的目标所在，对于民主来说法治只是手段，一旦失去民主作为目标，法治就脱离了其基本轨道，甚至沦落为人治的工具。在"法治"中，法律是进行社会治理的根据和手段，在所有社会规范中有着权威性和正当性，任何权力的行使都不得凌驾于法律之上。

法治作为一种社会活动方式，所追求的是形成一种良性的社会秩序状态；这就要求社会中的各个主体都要以法律作为自己行事的根本准则，行政机关要依法行政、司法机关要公正司法、执法机关要严格执法、普通社会主体要全民守法，要坚持法律面前人人平等。全面依法治国战略是习近平法治思想的重要内容，作为建设社会主义法治国家的基本方略领导新时代我国的法治建设。依法治国顾名思义就是要求依照法律来治理国家。

习近平总书记高度重视社会治理法治化，从顶层设计的高度为社会治理法治化进行战略布局，提出坚持中国特色社会主义法治化道路不动摇，坚持依法治国、依法执政、依法行政，共同推进法治国家、法治政府、法治社会一体建设。习近平总书记指出社会治理法治化的根本性质在于坚持人民主体地位。社会治理法治化的过程中以人民为中心，把更好地为人民服务、保障人民权益和实现人民当家做主作为社会治理法治化的目的。他始终如一地强调："坚持人民主体地位，必须坚持法治为了人民、依靠人民、造福人民、保护人民，要保证人民在党的领导下，依照法律规定，通过各种途径和形式管理国家事务、管理经济和文化事业、管理社会事务。"为实现良法善治，提出构建党委领导、政府负责、社会协同、公众参与、法治保障的社会治理格局。习近平总书记指出党委、政府、社会组织、公众社会治理发挥的作用不同，但都是社会治理的主体，现代化的社会治理需要多元主体协作共治。针对社会治理法治化的发展动力问题，习近平总书记指出，解决这一问题的关键在于创新社会治理体制，处理好活力与秩序的关系，解放和增强社会活力，确保社会既生机勃勃又井然有序。习近平总书记坚持问题导向，在总结以往社会管理和社会治理的经验和教训的基础上指出系统治理、依法治理、综合治理、源头治理的社会治理基本原则，为社会治理法治化提供了引领性规范。习近平总书记指出，新时代社会治理创新必须构建配套的制度体系。假若缺乏有效的制度供给，治理现代化就难以实现，善治亦无从谈起。习近平总书记指出，改革开放以来，我们党开始以全新的角度思考国家治理体系问题，强调领导制度、组织制度问题更带有根本性、全局性、稳定性和长期性。他还据此分析完善制度体系的问题。只有制度安排科学规范，社会治理创新才能被赋予更强大的生命力和更广阔的发展道路。社会治理创新必须全面纳入法治框架，完善中国特色社会主义治理体系。习近平总书记提出正确处理政府与社会关系，加快实施政社分开，推进社会组织明确权责，依法自治，发挥作用。针对社会矛盾激化和网络治理难题，习近平总书记提出创新有效预防和化解社会矛盾的治理机制和建设网络强国战略目标。社会治理的法治化为实现国家治理体系和治理能力现代化提供基础性支撑。为此，习近平总书记曾特别强调："要坚持法制教育与法治实践相结合，广泛开展依法治理活动，提高社会管理法治化水平。"这一论断显示出法治在社会治理中的突出地位。习近平新时代社会治理法治思想为中国社会治理法治化提供了科学指导，中国社会治理法治化应以习近平新时代社会治理法治思想为行动纲领。

从发展轨迹和主要内容重点变化方面来看，一是从"法律"到"法治"理念的变化，20世纪70年代，党中央提出了"健全社会主义法治"，1982年宪法对此做了明确，1996年3月提出了建设"社会主义法治国家"，1997年党的十五大提出了"依法治国，建设社会主义法治国家"，实现从法制到法治的转变，2018年的第五次宪法修正直接对"法制"进行了修改，完成了根本转型。这种变化不单单是语言表述上的，更重要的是反映了对国家治理理念和依法治理认识的变化，是对法治建设规律认识上的跨越和进步。

二是从"依法治国"到"全面依法治国"方略上的深化。"依法治国"的基本方略是在党的十五大上面提出的，在党的十八大上首次提出了"全面依法治国"，之后在党的十八届四中全会和党的十九大上又对这个概念做了阐释和强调。全面依法治国是实现国家治理现代化的必然要求，对我们的社会主义建设和发展具有重大意义，全面依法治国是一项有机的、统一的系统工程，要求程度更深、范围更广。全面依法治国首先就是要依宪治国，完善党和政府的依法行政，要求社会主义法治体系全面发展及完善，综合推进制度规则、法治实施和监督保障等方面的内容。

三是"法治中国"的提出。党的十五大提出了"建设社会主义法治国家"，党的十八届三中全会明确提出了"法治中国"的概念，并且给出了具体的措施。法治中国比法治国家具有更全面的内在要求，它同时包括国家、政府以及社会三个维度，不仅要求推进国家整体的法治建设，还强调同步推进法治政府和法治社会的完善。法治中国也意味着我国的法治建设已经到了注重高层次和高质量法治建设水平的新阶段，更加关注宪法及法律的实施，强调法治的实践性、基础性和统一性，法治也更具有中国特色和中国意味。

法治是国家治理的基本方式，体现了治国理政理念的新发展，是国家治理体系和治理能力的重要依托。法治是国家治理现代化的基石，法律规范的现代化是治理的基础，也是法治建设的内容，法治思维和行为方式是各种治理主体所应具有的能力，各方要在治理制度的框架下进行协作和互动，能否有效利用法律法规参与治理是判断各治理主体水平的基础。

四、多元治理理论

多元治理理论的基本内涵包括三个方面。

一是治理主体的多样性。除了政府之外，市场主体和社会主体都应参与社区公共事务的服务与协调。其中市场主体包括社区物业公司、营利性机构等，社会主体则是社会组织和广大社区居民。该理论还强调这些主体应在法治的框架内进行合法运作。

二是治理手段多样化。在社会治理中不仅依靠政府的行政命令，还可以尝试市场化运作的模式，将新科技手段应用于社区治理中。由政府主导为主向以平等协商、合作为主的多元化手段转变。

三是治理目标多元化，由"善政"转变为"善治"。多元治理理论强调社区治理法治化的过程是多元主体共同参与和互动的过程，要充分发挥社会组织等第三方机构的作用，推动社区治理法治化的进程。

政府、市场、居民是社区治理中的三大核心主体，三者应当协同参与社区共治。政府是协调三方联动的最主要主体，它的定位不应是传统的强权性机构，而应该是指导社区运行并帮助社区制定自治准则规范的行政指导性部门。多元主体、共治系统、共治机制、共同利益是多元治理理论的四个特征。强调对各主体的平等对待，都予以重视并发挥作用，尤其重视社会组织与社区居民的实际参与。

习近平总书记在党的十九大报告中也指出要加强社会治理制度建设，完善党委领导、政府负责、社会协同、公众参与、法治保障的多元化社会治理体系，提高社会治理法治化水平。可将多元治理理论与我国实际国情相结合，建立以党的领导为核心，政府、居委会、村委会、社区其他主体共同协商参与的社区共治的状态。多元治理理论主张社区治理主体的多元性参与，应破除传统的政府主导的局面，但是又不能把政府参与多元主体参与进行简单的"对立"。政府主体应当有所为而有所不为。一方面要摒弃政府的主导性作用，不能走"包办型"政府的粗放型治理模式；另一方面要加强政府对于社区的服务性引导功能，强调"小政府、大社会"的构建，发挥市场调控、社区服务、治安保障、资源供给等职能，积极向基层进行权力下沉，打造一网通办的高效型、服务型政府。

多元治理理论还主张要鼓励更多的社会力量参与到社区治理中，通过大力发展引入第三方社会组织充实到社会治理力量主体中，加强政府与社会组织的沟通合作，能提高社会组织等多主体参与社区治理的积极性。多元治理理论强调在社区治理中要打通信息的壁垒，使得信息在社区中予以流通与广泛交换，通过加强社区事务信息公开保障社区居民的知情权与监督权，有助于社区事务决策的民主性与程序的合法性。

多元治理理论认为，规范政府权力、彰显公民自治权力是城乡社区治理法治化实践中的核心。其核心要义是通过加强社区法治化建设使各类治理主体规范行为，明确各方主体权利义务的界限，培育社区居民树立权利观念，从而破除权力观念，使得城乡社区治理的相关决策在合法合理轨道上运行。其重要手段是进一步梳理修订各类与社区治理相关的法律法规，防止各类主体尤其是政府主体的权力滥用。同时还要创新建立与社区居民监督权关系密切的法律实施监督机制，完善基层信访与行政复议、行政诉讼制度。

"多元治理"是从"多中心治理"理论中发展而来的符合中国国情的治理理论。20世纪以来在全球范围内逐渐兴起的现代治理理论不同程度地认同了"多中心"在社会治理中的重要作用。现代治理理论一般认为社会治理是一种以人为本的治理方式，它以各行为主体间的多元合作和主体参与为治理基础，在科学规范的规章制度指引下，可以更好地应对社会问题，促进社会资源合理配置，满足民众合理需求。这在不同程度上都反映了"多中心"的特点。而在我国的社会治理体系中，党的核心领导地位是不容动摇的，这是中国社会发展进程中，历史和人民的选择，这符合中国社会实现高效治理的需要。

多元治理理论作为一种全新的社会治理理论，强调党对社会治理全过程的领导、管理的重叠，主张在除政府之外还存在多个中心，多个中心相互合作，共同发挥作用，最终推动社会资源在各个领域内高效分配、流动，满足整个社会群体的利益需求，实现社会利益的最大化。多元治理理论在我国经过多年的实践发展，逐渐形成了基本框架。

首先，多元治理理论强调社会治理主体是复合主体，在党的集中统一领导下，包括政府、社会组织、企事业单位、基层群众性自治组织、国际组织等。随着市场经济体制的逐步完善，社会活动频繁，产生了多样的社会利益需求。在纷繁复杂的社会环境中，社会资源流动不再仅限于一两个主体之间，而是在多个甚至整个社会主体中高效流动。单个主体的决定也不再仅仅影响自身的利益，而是波及整个社会领域中的多方主体，这就需要建立一个由多方主体主导的社会治理体系。

其次，多元治理理论要求建立一个网格化的治理结构。在传统的官僚制社会中，仅有政府作为社会网络的中心，这样的格局在一定程度上限制了社会资源的高效分配。因此在多中心治理模式中，社会中的多方主体，包括政府、公民、各类组织等都可以作为社会网络的中心，再借助信息化水平的提高，打破各方主体之间沟通交流的限制，形成网格化的社会，最终实现社会资源的高效分配，推动社会经济的发展。

再次，多元治理理论将实现社会利益的最大化和满足多方社会主体的利益需求作为目标。多中心治理与以往的以政府为绝对权力中心的社会管理体系不同，多中心治理模式要求更加高效地推动公共社会资源满足多方主体的利益需求和推动社会发展。在多中心治理模式中，政府、公民、社会组织等都能在法律的基础上，平等地表达自己的利益诉求，并且能够广泛参与公共事务的治理和评价。在民主制度建立的当下，社会事务的管理不再取决于政府官僚的意愿，而是在多方主体的平等协商、合作下进行，这样就最大限度地保证了社会资源的高效、合理分配，满足多方社会主体的利益需求，促进社会利益的最大化。

最后，多中心治理的方式是"合作、竞争、合作"。多中心治理要求社会资源在社会全领域内应高效、合理地进行分配，就需要全社会领域内的各方主体参与合作。而在这种合作中，由于各个主体之间又是自治，每个主体都追求自身利益的最大化，这就导致了在合作中存在一定程度的竞争。然而，无序的竞争是无法达到社会资源高效、合理分配的目标的，为了达成这一目标，就迫使各方主体回到协商、谈判、合作中，最终在竞争—合作的复合体中最终实现经济社会的发展。

五、有限政府理论

有限政府理论主张政府不再是全能的、无限的，政府的主要职责在于为市场、社会提供法律保护，而非广泛干预社会经济生活和私人活动领域。政府、社会、国家立法机关的权力行使不能超越公众福利的需要，而这些要求都没有别的动机，只为更好地保障人民的和平、安全和公众的福利。无论是实现依法治国还是城市社区依法治理，都需要将行政权限定在一定范围内，将权力关在制度的笼子里，只有各个主体合法平等地参与社区治理，不断扩大社区居民的民主法治权利，才能更好地实现社区治理法治化。可以将有限政府理论比喻为基础理论的"左翼"，社区治理法治化的实现，关键就在于推动有限政府的实现，增加社区自主权。社区治理法治化的目标实现需以有限政府理论为依托。

有限政府理论的观点对研究城乡社区的法治化建设具有有益参考价值，根据该理论观点，政府部门在社区治理中应摆正位置，明确角色，不能将引导作用变为主导作用，杜绝"政府拍板"的错误导向，应将自己定位为一个观察监督者和宏观引导者的角色，对于违反社区稳定秩序"底线"的行为要予以干预，支持社区实现自我发展，同时要弱化对社区的直接管理，倡导在政府引导下实现社区自治。如果不注重削弱和限制政府在社区治理中的权力，政府就有可能侵犯公民在社区事务自治中的权利，这不符合当前全面依法治国的社会发展导向，对于社会的和谐稳定发展具有不利影响。所以在城市社区治理法治化实践中需强调有限政府理论，以限制和约束政府的权力以及行为，倡导民主与法治。

六、自然权利理论与社会契约理论

（一）自然权利理论

该理论最早出现在西方国家的自然法学派，在宇宙的运行过程当中，万物的发展都需要追求自我权利。人在经历任何事件的时候，都需要在最大化保障自身权益的基础上来进行。这不仅是自然规律，也是衡量万物运营的最大尺度。同时，每个人都可以按照自己的方式来最大化地保卫自然权利。

（二）社会契约理论

居民在满足自身最大化权益之前，要明确自己所要保护的权益范围包括哪些，任何社会关系发展和人的自然劳动都是符合天性的，只有保障个人的生命、自由、健康、财产权利能够得到维护，才能进一步为社会发展劳动力。

由此可见，在社会发展进程中，公民、社会、政府之间存在某种委托关系，形成了潜在的社会契约，这种契约让居民从天生的自然状态逐渐转型到社会政治经济交往当中，并受到政府和国家的监管。

与此同时，政府和法律部门的公共权利要建立在维护公民需求的基础上来进行日常的管理，这种管理范围存在明确的界限，一旦超过了界限，将会面临制裁的危险，公民有权在原有的基础上撤回委托意愿。

七、分权制衡理论

夏尔·德·瑟孔达·孟德斯鸠（Charles de Secoudat Montesquieu）[1]站在权力角度来对分权制衡理论做出了详细的解释，认为无论人、社会乃至政府，一旦拥有权利，若是无法受到专门的管控和监督制约，则会滥用权利，触犯法律界限。因此他提出了，应该通过对权利进行平均划分，利用几种权利的相互制约和日常监督来保证在规定的界限范围内进行日常管理。

具体体现在立法权、行政权和司法权的日常行使上。这三种权利应该由不同的机关部门进行相互制约，既保障了公民的权利，使得权利不被滥用，也不损害他人利益，做到权责分明，形成一种稳定的平衡状态。

---

[1] 夏尔·德·瑟孔达·孟德斯鸠（Charles de Secoudat Montesquieu，1689—1755）：杰出的思想家，18世纪法国启蒙运动的主要代表之一，资产阶级国家和法理论的奠基者。

第五章 新时代城乡社区治理法治化
建设的现状

在新时代城乡社区治理开展法治化建设的过程中按照国家提出的相关要求，积极落实相关工作，已经取得了一定的成效。但是，受到原有治理模式带来的影响，在开展相关工作时同样涉及了很多问题没有及时得到处理。通过汇总分析新时代城乡社区治理法治化建设的真实情况，有助于帮助国内各个地区找寻到有效开展相关工作的方式。

第一节 新时代城乡社区治理法治化的进展

民主法治的发展催生了治理理论的出现。民主法治要求社区加强法治建设，提高法律保障居民权利的能力，社区工作人员用法治思维解决问题，运用法治方式解决矛盾，让社区各项事务纳入法治框架下。而且，社区建设和治理主要是建立在我国社区发展实际的基础上，另外借鉴了西方相对成熟的社区发展经验，由政府主导推进的制度变革。政府通过制定相关法律来保障社区建设和治理改革的正常进行，新的社区治理体系通过法律一步步地确立了。

一、社区治理法治化逐渐得到各界重视

中国共产党的第十八次会议尤其是十八届三中、四中全会，及时确认了法治中国的建设目标。全面依法治国的推进加快了法治国家以及法治政府的建设进程。社区作为社会的基本载体，在我国的社会生活中发挥着重要的作用。随着改革开放和城镇一体化发展，社区经历了空前的发展，新社区数量激增，社区规模逐渐壮大。是以，社区法律地位、社区治理现状、社区治理主体及社区治理的法治化成为社区长远发展、国家长治久安的当务之急。目前，社区的法律地位及重要作用获得了社会各界的认可。

第一，关于社区的法律地位。我国主要有三部法律规定了社区的法律地位。1982 年的《宪法》从宪法的高度给予了社区在法律上的存在事实。1989 年的《城市居民委员会组织法》则规定了"城市居民委员会"的性质、地位和主要职能。这些都是在社会改革和我国进行现代化建设前的规定。随着经济和社区发展，2000 年《民政部关于在全国推进城市社区建设的意见》中明确针对变化发展的实际确定了城市社区的内涵。这也标志着"社区"取代了以前的"居委会"成为基层自治的新模式。2000 年后，虽然国家性的法律没有继续做出修改，但各地方性的立法及时修正了"社区"的法律概念、职能范围、组织规模和主要职能，这充分体现了地方性立法对于社区变化发展实际的敏感性，这不仅有利于社区治理法治制度的完善，更有利于化解社区治理实际中法律法规的缺失问题。在地方上，基层居民组织法制定不断完善，城乡组织法不断修订实施，各级政府地方性法规不断完善，社会组织组织建设、社区服务体系建设、基层民主建设、基层建设经费保障机制建设等日趋完善，这就为社区治理法治化建设提供了有力的法律和制度保障。随着这些法律法规的颁布，我们可以说基层治理法治化建设的相关法律体系基本建立。

第二，关于社区的重要作用。①社区是基层社会组织，它是由最广泛的人民群众所组成的，社区是否稳定是关乎社会是否稳定的重要因素。社区治理法治化建设关乎发展的大局，得到了各方越来越多的重视。②作为社会主义国家的中国，无论何种制度、何种政策，其根本出发点都是为了人民群众，社区治理法治化建设是可以改善民生和加快社会事业发展的，是关乎人民群众根本福祉的建设。由于经济社会的快速发展，社区居民的生活越来越丰富，对于社区的需求也越来越立体化、丰富化。社区作为一定范围内解决问题、满足居民生活需求的平台，在接收到这些需求后要对其进行归纳、分类，对其中发现的重大问题要进行舆论引导，这样社区就可以更好地了解社区居民的心理活动和利益诉求，也能够不断推进和完善社区治理，解决居民关心的问题，达到为人民服务的目的。

二、社区相关的政策法规建设相对完整

政府通过颁布大量相关的政策法规为社区治理法治化提供了法律前提。社区治理法治化的前提是要做到有法可依。近些年，中央和地方立法机构出台了许多推动社区治理与改革的政策法规。

国家层面的政策法规有《城市居民委员会组织法》（1989）、《关于加快发展社区服务业的意见》（1993）、《全国社区服务示范城区标准》（1995）、《民

政部关于在全国推进城市社区建设的意见》（2000）、《国务院关于加强和改进社区服务工作的意见》（2006）、《全国和谐社区建设示范单位指导标准（试行）》（2008）、《民政部关于进一步推进和谐社区建设工作的意见》（2009）、《关于加强城乡社区协商的意见》（2015）、《关于深入推进农村社区建设试点工作的指导意见》（2015）、《关于加强和完善农村社区治理的意见》（2017）、《关于做好村规民约和居民公约工作的指导意见》（2018）等。

地方政府和立法机构也出台了许多相关法律、法规、办法、方案等文件。以北京市为例，已经出台的有《北京市实施〈中华人民共和国城市居民委员会组织法〉办法》（2009）、《北京市街道办事处工作规定》（2009）、《北京市社区服务设施管理若干规定》（2009）、《北京市加强社会建设实施纲要》（2009）、《北京市社区管理办法（试行）》（2009）等。此外，贵州省、山东省、浙江省等地也出台有大量相关立法，如《关于建立贵州省城乡社区治理工作联席会议制度的通知》（2018）、《关于成立山东省城乡社区治理领导工作小组的通知》（2019）、《关于开展市级城乡社区治理和服务创新试点示范工作的通知》（2020）等。

在社区治理中，除了立法机构出台的法律文件之外，由社区自治组织创制的社区自治章程之类的民间法也发挥着重要作用。

政府出台的立法为城市社区治理提供了法律依据，保障了我国社区治理的顺利开展，并在制度建设方面取得重要进展，实现了基层社区治理体制的创新，初步形成了社区治理法治化机制。

三、社区法治文化已初步形成

社区法治文化建设对于社区法治宣传教育实效的增强与社区居民法制观念的形成具有十分重要的作用，居民具备较强的法律意识对于社区治理法治化推进有着极大裨益。社区营造法治氛围方式繁多，不仅有传统的方式，如开展各类社区普法文化活动、社区法制宣传专题讲座、社区文艺汇演、社区法治专题宣传栏等，还有众多较为新颖的法治文化宣传方式，如利用社区 LED 大屏进行普法内容滚动播放，在社区原有建筑风格基础上进行景观改造以加入法治主题内容，建造社区法治文化长廊、法治文化广场等。社区内的宣传栏作为社区文化宣传的主要阵地，其宣传效果极为突出，在宣传栏内加入浅显易懂且图文并茂的法治标语、法律故事、普法小常识等内容，易于营造良好的社区法治文化氛围，使社区居民在潜移默化中接受法律熏陶，在日常生活中增强法律素养。纵观各社区法治文化氛围的营造已取得较为可观的成果，此现象对社区治理法治化的推进可谓极大助力。

四、社区居民法治化参与程度显著增强

居民参与社区治理是现代民主的重要组成部分。参与权是法律赋予我国公民的一项基本的政治权利，公民有权参与社会公共事务的管理。居民作为社区活动最主要的参与者，对社区的发展起着重要的作用。当代著名社会学家费孝通认为，社区治理的首要任务就是尽可能多地召集社会各种力量、组织广大社区居民学习并参与社区公共事务的治理，让越来越多的"社区主人"自己协调和管理其在社区中的各种关系，从而创立一个与中国社会相适应的、贴近社区居民具体生活方式的、满足社区居民日常需求的治理体系。社区居民积极参与社区事务，是社区居民表达自我的利益诉求、维护自身权益的重要方式。居民是社区的细胞，应让法律的触角延伸至每一个细胞。社区利用自己的影响力，逐层递进地进行普法宣传，让居民懂得用法律解决问题。在实际生活中，公民具有了较强的法治观念，提高了守法的自觉性，积极行使权利、履行义务，才能做出合法的行为。随着政府坚持不懈地开展普法工作和社会、媒体对于各类案件的关注度提高，居民维权意识逐渐觉醒，法律意识也日渐提高。"徒善不足以为政，徒法不能以自行"（《孟子·离娄上》），只有法没有人执行，法也起不到任何作用。就当前社区居民参与社区治理的情况来看，在大多数情况下社区居民可以参与社区具体事务的运作，在诸如文体娱乐、运动健身、医疗卫生等方面都会有所体现，但是在重大决策中社区居民的参与度还是有所欠缺。虽然社区居民法治参与程度提高了，但在一些重大决策中的缺位可能会对社区治理法治化建设有所影响。

五、社区法治治理试点取得阶段性成果

这里主要选取两个比较典型的例子来具体说明社区法治治理试点取得的阶段性成果。

①上海市杨浦区长白新村街道在 2016 年率先对其管辖的社区进行了社区治理法治化试点。其主要的方式：第一，杨浦区政府通过对社会组织服务的购买，引入上海百合花法律服务中心作为社区法治服务队进驻社区；第二，由街道司所牵头，辖区内社区居委会组织设立社区法治专员工作点，在社区公告栏和信息显示屏等显眼位置公布驻区法治专员的基本情况、服务时间、专精领域等信息，围绕社区治理现状和居民法律服务需求，提供个性化订制服务；第三，帮

助社区成立法治工作专家组，及时指导社区在工作中所遇到的问题，必要时直接指派组织中的专家直接参与进来；第四，建立社区法治服务评价制度，将居民问卷调查、居委会满意度测评、直属街道的反馈意见、所创刊物《法情日记》的创办情况等作为考核标准，并将考核结果用于该社会组织下一年度能否续签服务合同的重要参考。截至 2017 年 3 月 23 日法治专员共进社区 302 人次，为居民提供意见建议 84 条，帮助建立规章制度 5 项，开展大型法治宣传教育活动 2 场，制作发布工作期刊 21 期。2021 年，长白新城居民区荣获全国民主法治示范社区。

②2020 年 7 月，中央依法治国办发布《关于第一批全国法治政府建设示范地区和项目命名的决定》，陕西省西安市莲湖区被命名为"全国法治政府建设示范区"。作为名单中西北五省唯一的区县级单位，近年来，莲湖区探索创新社区法治"1133"工作模式，取得了良好的成效。

"1133"即以新常态下经济发展特点和群众法律服务需求为导向，所打造的"一名社区法律顾问、一个法治日活动、活动质量三级监督、活动开展三级保障"的社区法治工作模式。"1133"模式致力于将普法宣传、矛盾化解、法律援助等职能下沉到社区，打通基层法律服务"最后一公里"。

据统计，"1133"工作模式自推行以来，累计提供法律咨询服务 3.5 万余次，开展普法宣传活动 1.7 万余次、培训讲座 6744 次，化解矛盾纠纷 6290 件，帮助刑释人员 1281 人次，指导社矫人员 857 人次，为群众解答法律咨询 35304 人次，受益群众 10 万余人次。有法律问题必答、有法律需求必应，已成为莲湖区基层公共法律服务的显著标签。

2018 年，西安市政府工作报告提出"大力推广莲湖'律师进社区'经验"。莲湖经验，不仅开启了法治社会建设区县级层面的探索，也为法治政府建设定位了"新坐标"。陕西省西安市一村（社区）一法律顾问工作现场会相继在莲湖召开。截至 2022 年，社区法律顾问工作"莲湖样板"已在全省遍地开花。

第二节　新时代城市社区治理法治化建设 存在的问题及成因

一、城市社区治理法治化建设存在的问题

（一）社区治理实践与立法价值目标相背离

第一，在我国现行法律法规中，局部存在着目标和支持体系不一致的问题。在我国，居民委员会是依据宪法成立和组织的基层群众性自治组织。依据相关法条规定，由不设区的市、市辖区的人民政府或者它的派出机关，指导、支持、协助居民委员会工作。与此同时，居民委员会所需要的相关费用及办公场所等，也都是由所在地区的人民政府提供的。

作为社区自治的执行法律，以上条款成为将行政目标嵌入社区自治体制中的一个契机，在实际操作中，政府对居民委员会的指导权力常常转化为领导权力，而居民委员会的资金来源是政府拨款，因此，居民委员会的活动受到了一定的制约。我国的《宪法》和《城市居民委员会组织法》均将居民委员会作为一种自治组织，但在相关的法律体系中，它并没有给予社区居民自治的实现条件，这就造成了社区居民委员会在立法中的角色定位与相应的制度不一致。

第二，社区自治组织的工作与现实需求不符。根据《宪法》，居民委员会有权将群众的意见和要求反映给人民政府，也就是将居民的需要和意见提交给政府，这就是居民委员会与政府之间的关系。而在实践中，因为基层政府要承担基层一线的大量行政工作，而这些工作又要具体落实到社区，社区居委会就逐渐转变为基层政府的代言人，"行政化"程度也越来越高，导致社区居委会往往只能被动地接受领导，担负起许多辅助性的行政工作，这就使得城市社区居委会的实际工作与自身性质产生了冲突。由于社区居委会工作的重心与社区需求背道而驰，居民只好另谋出路，这使得社区治理越来越多地依靠地方行政机关，导致社区居委会无法利用法治力量进行管理和提供服务。

从某种意义上讲，在现实生活中，管理思想仍然占据着绝对的优势。在某些自治问题上，由于政府对自治主体的不信任，往往会有滥用权力的倾向，因此，"自治权"这一无可争议的宪法权利，在实际执行中却被视为"赋权"，从而导致了社区自治机构的异化。

（二）缺乏完备的社区治理规范体系

第一，目前，我国社区治理的法律制度还不完善，不仅没有全国性的专门立法，而且社区自治规范没有和国家法律形成良好衔接。一方面，现有的关于城市社区治理的相关立法主要集中在社会治安综合治理方面，法律制度中有关社会治理的法律规定、社会组织、市场主体和公民各自的行为边界、有效参与社会治理的途径等基本问题仍是空白。另一方面，由于社区自治规范法律效力位阶较低，制定规范水平不高造成自治规约可操作性不强等因素的存在，都可能导致社区自治规范不能与国家法律形成有效衔接。

第二，我国关于城市社区治理的法律制度规定还不甚科学，缺乏可操作性。例如，《城市居民委员会组织法》对居民委员会自主进行相关工作方面的规定原则性太强，没有做到清晰的界定，致使在实际应用中缺乏可操作性。

第三，我国关于城市社区治理的法律制度整体上尚未形成体系，完备性不足。不仅缺乏一部提纲挈领的主干立法，在城市社区治理的过程中可能会出现规范性法律文件之间不协调的状况，而且由于新的社会关系在现实中出现，但缺少相关的法律调整，部分居民的利益诉求无法通过法律途径得到解决。例如，《宪法》第十一条中明确指出，居民委员会是一个群众性自治组织，它与基层政权的关系是依法制定的，但并未明确界定居委会与其他社会组织的法律关系。一方面，我国现行立法对社区居委会与基层政权之间的关系未做明确的界定；另一方面，居民委员会的法定资格制度存在于多个立法中，而且缺乏评判的标准。例如，有关司法解释规定，对于依照法律、法规和规章授权行使其权力的案件，当事人要以居委会作为被告。"当事人"中并未明确包含社会组织、法人等，但从原告包含公民、法人、其他组织这一特征来看，原告包括社会组织、法人等。因此，当事人如何确定是一个问题，而且在现有的法律条文中关于这个问题的规定是模糊不清的。目前，我国的立法还没有建立起一个完善的、统一的社区治理法律制度，其中最直观的反映就是，社区居民委员会作为社区治理的核心主体和其他社区治理的主体之间往往权责关系不清，使得社区治理中的法律纠纷问题一直存在着争论。

第四，软法规范方面。通过对城市软法运作的分析，可以看出，软法在社区治理运用中的问题主要表现为软法体系不健全、硬法与硬法的冲突以及缺少执行保障等。具体表现在：一是软法规范体系不完善，相对于国家法律制度，城市软法制度的缺陷主要表现为，各个主体在制定软法时各自为政，缺少全局意识，只顾自己的利益，忽视了社会整体和各方面的协调，致使软法制度不完善，以至于软法与硬法的协同配合都达不到应有的目的。二是硬法和软法相结合为城市社区治理提供了一条新的途径，但是在实际操作中，两者之间存在着矛盾。这种矛盾既会破坏法律的权威，又会使软法的功能遭到压制。软法与硬法的矛盾主要体现在软法与硬法的具体规定是相违背的，以及硬法对软法的过分干涉。三是在我国的法律制度中，软法的具体执行缺少保障机制。软法是一种灵活的约束手段，它以一种有别于硬法的柔性约束手段来规范城市的社会治理，这有助于激发社会各主体的积极性，但同时，它所带来的消极影响也不容小觑。在软法执行中，当发生违法行为而不能得到国家的强制保证时，软法的柔性约束就成了软法执行中缺少保障的原因。

（三）只信信访却不信法

随着社会法治建设脚步的加快，我国基层信访制度的建立已经越来越完善，但是信访制度建立的初衷是方便基层群众将自己的利益诉求通过信息传递给管理人员。而现阶段一些群众无论遇到什么矛盾都要进行信访，甚至对法院的判决不满也要进行信访，而不是通过更有效的法律手段来解决。而且有些居民认为只要与社区管理部门"耍赖皮""磨时间"，管理部门就会满足自己的一些无理需求，认为这样的"信访"方式比法律手段更加有用，因此习惯了与社区管理部门长期周旋。这是由于现阶段我国的社区法治治理体系建设得还不够完善，且在社区治理当中的司法程序存在一定的不足，这导致了社区居民对社区法治治理所抱有的信心不大。普通老百姓在用法律进行维权的过程中，维权的门槛较高，且维权的流程较为复杂和漫长，通过法律来维权的成本较高且效率较低。因此这种缺乏法律信仰的现状也是我国现阶段推进城市社区治理法治化建设过程中需要着重关注的问题。

（四）面临既有制度惯性的难题

第一，社区的支持是行政机构进行基层工作的必由之路。虽然我国已制定了若干有关城市社区的法规，但在我国现行的立法中，各种治理制度并没有得到很好的实施。居委会是有自治权的，然而，在实际的社区治理实践中，基层组织所担负的行政职能占了相当大的比例，而政府又对居委会起到了指导甚至领导的作用，同时也将一些行政工作分配到了居委会，这就导致了居委会偏离了新的治理模式的功能。随着社会的变迁，我国政府也逐渐开始转向建设服务型政府，但是这是一个渐进适应的过程，不管是社会、市场机制，还是行政主体的管理观念，都需要一个转变过程。

第二，长期以来，社区日常工作依靠的都是政府的管理，与此同时，社区居民对社区日常工作也存在参与深度不足的现象。作为城市社会的基础成员，居民是社区建设和治理的主体，其参与程度直接关乎一个社区的治理程度，提高社区居民的参与度是社区治理现代化的一个关键环节，它可以充分发挥社区居民的主人翁的作用，提升社区治理水平。那么，如何发挥社区居民参与社区治理的作用是一个需要解决的问题。美国社会学家詹姆斯·塞缪尔·科尔曼（James Samuel Coleman）的理性选择理论认为，城市社会中的社会成员的参与是由自身的资源和利益决定的。在社区居民参与社区管理的过程中，从理性选择理论出发，社区居民的参与动机主要是为了获取自身利益，会主动参与到社区治理中。从获得资源的角度来看，由于资源的依赖性，会使行政组织、社区组织、社区居民之间的关系更加紧密，个人也会积极参与到社区治理活动中。例如，低收入家庭经常会主动参加居委会组织的各种活动，以获取更多关于扶贫政策的信息。在价值追求的内在动因上，居民参与的基本动机是利益最大化，而居民行为的价值越高，收益越大，越有可能采取行动，这就会形成一个循环。居民的社会参与价值追求与其自身的意愿和积极性密切相关，其主要的价值追求是获得人际交往、追求健康快乐、寻求组织、维护利益、领取低保等；其价值追求的目标与动机也各不相同，为了维护自己的利益的居民往往会有更高的参与意愿，而仅仅是为了获得低保福利的居民则参与意愿较低。

在实践中，居民个人参与城市社区治理的积极性较低，主要表现有三点。

一是社区居民的参与意愿不高。以往的研究表明，我国居民对社区的认同感、归属感都很低，这是经济转型、权力格局分化所造成的利益多元化、人际关系疏远的必然产物，同时也是作为社会主体的专业团体对公共问题忽视的体现。在实际生活中，"事不关己，高高挂起"的观念仍然在一定范围内存在。这些人依靠心理较强，认为社区建设是政府的工作。

二是社区居民参与的主体不全面。当前，我国很多社区中积极参与社区活动的主要有三种人：第一种是需要社区平台发挥余热、排除孤独感的老人；第二种是有爱心、有热情、有实践经验的中小学生；第三种是需要定期到社区领取救济金的低收入群体。

三是社区居民的参与率偏低。城市社区治理的一个理想模式是建立在一个基于民主和自愿的公共领域之上。在这个领域里，社区的居民可以在决策、管理、监督等方面发挥积极的作用。然而，当前中国的社区治理状况与此理想模式存在着一定的距离，其原因在于多数居民的社区参与仅限于遵从和实施。这种参与的先决条件通常是决策已定，居民的参与仅仅是为了配合社区工作，而居民在决策、管理、监督社区等方面的参与则相对缺乏。

综上，法治逻辑视角下城市社区治理存在的问题中的关键问题是，在治理方式上体现出仍然以政府为主导的趋势，没有合理调和多元主体之间的动态关系，虽然注重法治的重要性，但是仍然没有将法治理念同治理的核心思想相融合，需要强调多元主体之间的参与、多种规范之间的融合、公权力同私权利之间的不断互动，需要从简单的边界意义上升到良性的运行，为此需要参与制度、规范制度、运行制度之间的持续尝试和调节。

（五）法律服务机制不健全

在社区治理法治化的建设中，政府应当起引导作用，尤其是在提供公共服务方面，政府应当承担起把控全局、完善配套设施的责任。在基层治理中，社区居民之间的矛盾几乎全部是平等主体之间的人身和财产矛盾，也就是说多为民事纠纷，纠纷类型多是生活矛盾，劳资纠纷和经济纠纷少，对于标的金额巨大的商事纠纷和严重危害社会安全的犯罪行为来说，社区居民间的纠纷可谓"小打小闹"，通常是由居民的口头之争或一时情绪引起的，只要处理得当，不会进入诉讼程序。因此，如何把社区居民之间的矛盾"就地解决"就非常重要。

除了诉讼，调解和仲裁也是解决纠纷的方式，基层政府可以根据不同社区的法律服务需求，设置包括调解和仲裁机构在内的多层次法律服务体系。但现实情况是，社区居民之间发生矛盾，除了动静特别大，引起社区居民大量围观，居委会不得不出面调解的，大部分纠纷就是居民之间争吵，没有第三方介入调停纠纷，矛盾一直存在，经过长时间的发酵越演越烈，到最后调解也于事无补，只能上升到诉讼层面。发生矛盾纠纷后，不能及时提供法律救助服务是社区治理法治化体系建立面临的难点。只有构建和完善多层次的社区法律服务体系，才能及时解决社区居民间的纠纷，才能将矛盾"就地解决"。

社区法律服务体系需要靠社区法律服务队伍支撑。党的十八届四中全会提出要加强法律服务队伍建设，其中专门强调加强欠发达地区和基层的法律服务队伍建设，以弥补这些地区存在的资源欠缺问题。在当前的社区治理中，因为社区属于基层，工作人员多从事综合性管理工作，法律专业人员少，至今专门的法律服务队伍仍没有实现全覆盖。随着全面建设法治国家观念的普及以及全社会普法工作的展开，社区居民的法律素质不断提升，这对当前社区治理法治化提出了挑战，建立专业的社区法律服务队伍已经迫在眉睫。与建立社区治理法治体系相同，社区法律服务体系的建立同样需要政府起主导作用，政府可通过考试选拔法律专业人才作为社区工作人员，专门从事社区治理中与法律有关的相关事务；政府可以出台相关政策，建立起律师、法官、法律工作者对社区的一对一帮扶队伍；政府还可以招募具有法律背景的志愿者，针对社区居民纠纷的解决提出方案……

政府不应只重视社区法律服务队伍的建立问题，还要保障法律服务队伍建立后的质量问题。我国政府的法治水平不断提升，社区居民对法律服务的水平要求较之前也大有提升，对提供法律服务的种类要求也有所增加。政府为了保障法律服务队伍的质量，应当充分了解社区居民需求，制定法律服务清单目录，按照居民实际需要提供服务。当今社会是信息化社会，网络信息技术近几年飞速发展，对法律领域、社区治理领域也有影响。我国东部经济发达地区在城市公共法律服务方面对互联网及信息技术的应用大大增加了公共法律服务辐射面积。

在现阶段我国的社区当中，仅有极少数社区设置了一体机，社区居民可以在一体机上操作，向司法局提交诉求，但也仅限于此，该设施没有其他的诸如法律文书查询、预约办理公证遗嘱等功能，设施可用功能少，不能满足社区居民进行法律活动的需要。按照我国信息技术的发展情况来看，基层社区并非不具备在法律服务领域进行信息化管理的条件，而是没有重视网络技术平台在社区治理法治化建设中能够发挥的优势。重视社区法律服务队伍质量建设，开辟多条路径保障社区居民向法律专业人士寻求救助，才能促使社区居民矛盾"就地解决"。

（六）社区监督体制不完善

社区治理法治化建设应当突出四个关键词，即法定职责、法律义务、法律授权与权力监督。在社区治理中，行政人员因深处基层，虽然有相关的法律规定对其权力行使进行制约，但仍然存在滥用权力或者不严格按照法律规定履行其职责的情况。因此，社区治理需要对基层行政人员的工作情况进行严格监督。

在社区事务管理中，因为群众是社区治理主体，其对社区治理情况进行监督更方便、真实、有效。因此，应当在基层行政人员权力行使时加强法治渗透，配合以全程法律监督。这要求社区工作人员严格遵守法律，在法律允许的范围内行使权力。从具体行政行为和抽象行政行为的角度来看，社区属于基层，具体行政行为与社区居民的权利义务关联大，多数纠纷也由此产生。在实践中，党政一体的现象不在少数，政党监督也是权力监督的一种方式，但监督者和被监督者是同一主体，就缺少了一种重要的监督方式，因此，人大的监督就显得尤其重要。人大能否积极行使对政府机关的监督权的关键在于人大代表的选举是否真正落实，是否由各社区、各街道的民众按照法定程序选举。

检察机关的监督是我国法律监督体系中的重要组成部分。在社区治理实践中，检察院的监督重心落在社区矫正上，旨在提高社区矫正人员的法律意识，防止其在矫正期间又犯新罪，对街道办事处中从事国家公务的工作人员监督较少。而从事社区治理的国家公务人员，地处基层，处理的事务琐碎，检察机关对此类主体的监督较少，且对许多不易察觉的细节缺乏监督，监督效果不明显。

二、城市社区治理法治化建设存在问题的原因

（一）尚未形成完善的社区治理法治化观念

只有有关部门、社区机构与社区民众之间构建出与社区自我管理相匹配的公开、交流、监管、民主以及奉献的健康关系，才可以构建出合理合法的社区自我管理体系。然而由于传统社会风气和行政管理习惯的困扰，当前还是有部分社区没有转换思维。

第一，官本位思维根深蒂固，一些政府机构将自身放在比社会和公民更高的地位上，没有将自己放在服务社会和服务民众的位置上，认为自身工作的作用只是在于保持社会运行秩序，而不是为民众提供便利，通常采取行政化的方式来解决一切事务。这使得政府管理部门难以将权力下放到社区自治组织中，拒绝接受多样化的社区管理主体，导致许多社区管理者的思维相对腐朽陈旧。

第二，社会以及民众对于管理部门的政策通常趋于顺从，受传统思想的影响，他们往往倾向于一味地接受上级的命令和监管，不习惯参与到个人权利的争取过程中。这导致目前许多民众没有参加到社区自我管理中的想法，只愿意接受上级部门的监管，这使得社区里的很多自治机构很难得到支持，更加难以起到关键性的作用。许多民众对管理部门的监督力度不够，这导致许多与民众的权益息息相关的工作都没有得到透明和公开，使得公民权益受到侵犯的风险性比较高。此外，人治思维比较浓重，法律意识较为薄弱，也使得社区的法治体系构建难以完成，某些负责人任人唯亲，阻碍了社区治理法治化的进程。

（二）多元治理主体缺乏独立性和自治能力

社区治理法治化需要以多元主体的独立性和自治能力为基础，但目前的社区治理法治化建设在此两方面存在不足，具体表现为居民法治意识薄弱和自治权没有得到充分实现。

　　我国古代儒家思想盛行，遵从"礼治、德治、人治"，法律被认为是严肃的、不近人情的。直到依法治国被确立为我国的基本方略，提出社会主义法治国家的建设理念。在法治理念一步步发展的同时，人们的法治意识也不断得到提升，但是相比德国、日本等法律发展时间早的大陆法系国家，我国国民的法治意识仍然比较薄弱。

　　居民法治意识薄弱的表现之一为对自身享有的权利认识不足。《宪法》规定，选举权是公民享有的基本权利之一。《城市居民委员会组织法》规定，居民委员会主任、副主任和委员可由拥有选举权的社区居民选举产生。因此，在社区治理中，社区居民拥有选举居民委员会组成人员的权利。但是在实际生活中，因为自身受教育程度或者对法律了解程度的限制，部分社区居民并不知晓其享有上述权利，从而导致不能主动行使自身拥有的权利，不能积极参与到社区治理中。

　　居民法治意识薄弱的另一表现是主动参与到社区治理中的意识相对微弱。部分居民可能知道其所享有的各项权利，但基于"各扫门前雪"的思想，认为自己不是社区治理的主体，不需要参与到社区治理中；或者因为学习、工作等原因，闲暇时间少，不愿意在有限的休息时间内花精力在社区治理中。

　　居民法治意识薄弱还体现在权利受到侵犯却无意识。《城市居民委员会组织法》中将居委会定义为基层群众性自治组织，但受"官本位"思想影响，某些社区居委会、党群服务中心等的社区工作者在社区治理中倾向于借助强制性的"行政命令"，而非引导、教育处理问题。而社区居民多认为居委会、党群服务中心所做出的决定或行为是具有行政性的，对其决定或行为多采取"服从"态度，社区居民自治权受到侵犯却没有意识到。

　　社区治理法治化建设选择的社区治理手段是法治，不是人治，也不是专制，是以居民和社区自治为基础的，这需要与社区治理的行政化区分开来。社区治理法治化与社区治理行政化最主要的区别在于，前者是以居民和社区自治为基础开展社区治理活动，后者是以政府为主导通过行政手段对社区关系进行调节。而目前，虽然我国通过法律赋予了居民自治权，但自治权却没有得到充分落实。

　　我国法律明确规定社区居民享有自治权，但在现实生活中积极行使自治权的居民却不多。每个社区的居民都存在两极分化的情况，其中一类居民对自己享有的权利非常关心，也会积极行使享有的权利，会对与自己利益相关的事情发表意见；另一类主体则对社区事务漠不关心，即使有涉及有损自身利益的事情，也会默不出声，以大家的意见为自己的意见，期待其他居民发声。这两类不同的社区主体，后者占据多数。因此，社区自治权运用的主体范围较小。

（三）理论依据之逻辑证成与实践经验总结的可适性需要深化

在理论方面，社区治理法治化建设理论依据之逻辑证成需要深化。我国长时间以来采用的是自上而下的管理方式，即政府在社会治理中发挥着重要作用。且以前的社区基本以工作单位为单位，对社区的管理行政色彩较浓。而随着市场经济的发展，人口流动性增大，原有的行政管理式社区治理不再符合现有的社区发展情况。然而我国专家学者对社区和法治化的研究都不在少数，但鲜有学者将两者结合。对社区治理进行研究的学者，多从公共管理层面出发；对法治化进行研究的学者，又少有涉及社区治理方面的。在为数不多对社区治理法治化深入研究的专家学者中，从社区法治化建设的实践方面出发，解决社区治理法治化难题的又占大多数。因此，以社区治理法治化为题进行理论分析的学者较少，社区治理法治化建设需要深化理论依据之逻辑证成。

在实践方面，社区治理法治化建设实践经验总结的可适性需要深化。我国进行社区治理法治化建设的社区较少，"枫桥经验"尚算社区治理方面可以借鉴的经验。但"枫桥经验"更偏向于社区治理，治理的手段和方法落足于居民自治和矛盾纠纷就地解决，不能完全算是社区治理法治建设的经验总结。而域外社区治理体系比较完善，形成了鲜明的社区治理模式，法治情况良好，对于我国社区治理法治化具有重要的借鉴意义。但是，每个国家的文化背景、经济发展水平和法治状况大相径庭，其经验总结能否真正适用于我国的社区治理法治化建设，尚待深入研究。

（四）政策法规在落实上存在一些偏差

我国的法律法规数量众多，近些年习近平总书记强调了社区治理的重要性后，虽然有关社区治理的法律没有增加，但是与社区治理相关的法规以及各类规范性文件和指导意见却在不断增多。立法方面跟上了社区治理需要，而在执行方面因为民主化进程和法治化水平存在差异，导致政策法规在落实上存在偏差。

如有规定称社区中应当由居民依法选举居务监督委员会，对社区治理工作进行监督。该规定的出发点是好的，因为社区事务琐碎，社区居民可能不愿意花费大量的时间和精力关注每一件社区事务，成立居务监督委员会有利于代表社区居民对社区治理工作进行监督。但是这种贴近基层治理的民生问题，尽管国家或政府是从完善治理体系的角度出发的，为百姓谋福利，但是因为基层法治化水平欠缺等原因，即使成立居务监督委员会，在实际操作中仍会出现问题，导致具体实践效果不佳。

第三节　新时代农村社区治理法治化建设
存在的问题及成因

一、农村社区治理法治化建设存在的问题

农村社区治理法治化建设存在问题的本质是农村社区的法治环境与现代法治理念的不相容而引发的问题，在一定程度上也是农村社会普遍存在的法治问题，本来亟待解决的问题悬而未决，并且由于二者产生了冲突，进而又引发了新的社会问题，刺激了社会矛盾的爆发，造成了农村社区矛盾冲突加剧和现代法治在农村社会"硬着陆"这种两败俱伤的局面。这些问题也影响到了农村社区治理法治化建设的进程。下面将从农村社区法治环境和现代法治理念的矛盾入手，具体分析农村社区治理法治化建设的问题表现形式。

（一）社区居民参与度低及法治意识薄弱

1. 社区居民参与度低

社区居民作为社区法治化建设的自然人主体，本来应该是发挥主要力量的，但是结合我国农村基层自治现状可以发现，居民在参与社区管理的过程中一般处于一种"被通知""被安排"的被动局面，如果跟自身利益相关性不大，有的居民还会拒绝参加。因此，农村社区法治化建设存在居民被动参与与参与不足的问题，参与度低。

在多数村民看来，法律是用来解决实际问题的，在法治化程度较低的情况下，村民参与法治建设的原因通常只有两个：一是需要法律解决现实的矛盾纠纷，二是社区为了完成普法任务，强制居民参与。如果在实际生活中，法律的纠纷解决能力、权益保障能力和他们期待的不一致，他们会对法律的功效产生怀疑，这有损于他们参加社区法治化建设的积极性。

首先，这是居民自治意识薄弱的结果。村民委员会发展到后期，受到基层政府行政干预逐渐加大，开始成了"准官方"发言人，履行职能的主要方式就是上传下达，村民成了政策的被动接受者，村民自治受到一定的限制。

其次，随着家庭联产承包责任制的实行，不管是基层党政机关，还是基层自治组织，工作的重心都转移到了经济建设上，对于民主法治问题的关注度不够。

虽然现阶段国家对于农村法治建设和制度改革关注力度加大，但是由于经济发展水平较低和基础教育质量不高，制约了农村社区居民参与社区法治事务管理的积极性。

最后，法治建设不像经济建设，经济建设能够直接促进物质财富丰富和积累，能够直接提高人民的生活水平，是一种肉眼看得到的收获。对居民来说，法治建设是一种意识建设，不能够直接得到可以看得见的回报，即使参加了社区组织的普法活动，由于自身文化水平有限、法律用语晦涩、法治程序复杂等，也不能立刻就能理解和掌握法律知识，因此不少居民对这类活动有排斥心理。

2. 社区居民法治意识薄弱

首先表现为权利义务观念薄弱。由于受到传统文化中的"和为贵""和则止讼"等观念的影响较深，纠纷对象比较特殊（一是自己低头不见抬头见的邻居，二是国家公权力的代表者——官），再加上文化素质较低等原因，村民不知法、不懂法、不重法现象多发，发生了纠纷，一个农民首先想到的不是通过法律手段维护自己的诉求，而是依靠人情关系或者其他关系解决，在此影响下，农村居民大多数重视自己义务的履行，轻权利的实现。因此权利意识薄弱，不知道或者不认为权利的实现是对自己利益的维护的现象多发。其次，依法维权意识薄弱。例如，家庭成员被家暴，不知道用法律的武器维护自己的合法权益，认为一旦报警，对方受到法律的制裁会损害家庭成员间的关系，会损害自己的利益，因此选择包庇，最后自己依旧生活在家暴的阴影下，对自己、对家庭、对社会都没有好处。法制属器物，是形式的法治，不能直接对社会秩序发生作用，只有人们内心对法制产生认同甚至信任，才能在指导自己行为和评价别人行为时自觉遵守法律的规定，而不是想办法研究法律的漏洞、钻法律的空子。现阶段，依法治国是一项浩大的社会变革，为此国家在遵循法治发展规律的前提下，应不断坚持科学立法、完善执法，提高司法从业队伍的素质。国家通过这些改革力求自上而下地在全社会范围内实现法律秩序和法治观念的全覆盖，但是根据农村法治现状可以看出，国家忽略了对群众（尤其是农村地区的村民）法治素养的培养。没有法治素养就缺乏法律自觉，又没有法律知识，此时的村民是作为法治的对象被普法、被法治教育，而不是作为法治的主体去守法、去维护法律尊严，没有主体身份去参与依法治国，法律不能被遵守，公权力得不到限制，法治在农村社会就没有生命力。

（二）多元组织主体角色界限模糊

社区治理主体是指为社区居民提供公共产品和服务、参与社区各项事业管理的主体。现阶段我国农村社区治理组织的主体主要有基层党组织、基层政府、社区组织。这三者是社区治理的组织参与者，但是由于没有明确的法律法规对各自的主体资格加以确定、对各自的职权范围加以明晰，因此经常出现职能错位、治理混乱的现象。

基层党组织在农村社区建设和运行的过程中，在符合宪法和法律规定的前提下，依据总揽全局、协调各方的原则发挥作用。基层党组织的职权主要有两项：一是传达解读中央等上级党组织制定的方针、政策、路线等，二是根据本地区发展实际情况制定相应的发展规划。但是现实情况是，由于思想认识存在误区和基层党员素质不高等原因，党务政务一把抓，疏于党建工作，工作落实被动且质量不高，"重业务，轻党务"、"行政化"、党内腐败等问题多发，有的党员没有认清党的领导和决策的职能，反而重实施，这样在一定程度上就会干预政府和社区职责范围内的事情，形成管理混乱的局面。

政府对社区事务本应起指导和协助作用，但由于现代的农村社区在建立之初借助了政府的威信力、公共设施、工作人员等资源，因此后期运作的过程中行政力量的渗透不可避免。我国基层政府还存在这样的现象，当最小的官，管最多的事，由于行政地位不高，但是管辖的事物多且杂，从经济建设到家长里短、鸡毛蒜皮都要管，事情多、责任大，再加上基层政府本身也会出现不遵守法律规定的问题，如个别乡镇干部渎职、越权等，这些现象不仅不利于农村社区法治建设，其本身也是对法治的破坏。

社区的主体地位得不到明确，社区建设和运行的事项由基层党政组织领导说了算，社区本身的境地就比较被动、尴尬，那么村民对于参与社区管理就会处在一种"被通知""被安排"的局面，这样基层党员的先锋模范作用、基层政府的正确指导作用、社区的主体地位都会因为治理主体的角色界限模糊而得不到保障。主体地位明晰化是法治建设的重点部分，法律是调整人们行为的一般的社会规范，只有主体明晰，法律才有作用的对象，法治才有实现的可能。

（三）缺乏明确、系统的法律依据

1. 社区治理的基本法缺失

社区协商是我国近年来在基层治理领域的重要实践探索，党的十八大以来，农村社区围绕协商机制、协商方式、协商制度、协商手段开展了积极探索。在农村社区中，协商是民主治理的主要依靠手段，在政府的引导下，当地社区结合自身实际情况，形成了颇具特色的协商模式，如德州市平原县农村社区创立了"群英断是非"模式，充分发挥了农村乡贤在协商中的作用，有效提高了社区居民参与公共事务、解决社区公共问题的积极性。因此在相关调研中，往往会将民主协商作为民主管理的重点制度来进行考察，从社区村民参与、协商方式、实际成效等方面来衡量其效果。调查显示，在参与协商的方式上，农村社区大多采用会议协商，方式较为单一。

社区治理是一项综合性工作，需要依赖强制性法律规范来保障各项工作进行，目前我国对于农村社区治理的立法工作重视不足，在国家立法层面没有农村社区治理的相关规定，在地方立法层面，仅有部分地级市针对农村社区治理出台了条例或办法，如《成都市社区发展治理促进条例》；在国家政策层面，尽管社区化建设已推行多年，但农村社区治理并未直接、鲜明地体现在政策文件之中，而是被放置在支持城乡社区发展的综合性文件中，如《中共中央、国务院关于加强和完善城乡社区治理的意见》等，这种无差别的指导忽视了农村社区治理的特殊性，且过于宽泛，难以转化为具体的治理法律规则。随着依法治国的推进，农村社区治理中也越发强调发挥法律的作用，但由于针对性法律法规和政策的缺失，农村社区治理面临着无法可循的尴尬局面。为此，不少农村社区选择将《村民委员会组织法》《城市居民委员会组织法》作为农村社区治理的基本法。

但从本质上看，《村民委员会组织法》是对传统行政村的村民自治进行规制，《城市居民委员会组织法》属于城市社区自治的基本法，这两部法律与农村社区治理相比在目标、价值、功能等方面存在本质区别，无法成为农村社区治理的基本法，也无法真正改变农村社区治理无法可依的现状，在实践中更是造成我国农村社区治理工作精确性、适应性出现偏差。调查数据也显示，40%以上的农村社区工作者认为农村社区治理"没有法律依据"，并且相当一部分受访者认为农村社区治理的主要问题在于"基础法律缺失"，因此，我国农村社区治理最大的问题在于缺乏明确系统的法律规范，集中表现为缺少真正适应农村社区治理需要的基本法律。

2. 社区治理配套法律法规不足

农村社区治理范围广泛，内容纷繁复杂，从实践层面来看不仅需要解决社区存在的问题，还要完成特定的、具体的经济社会发展任务，因此，除了基本法律指导之外，还要辅之以体系化的配套法律法规，以保障具体治理工作的开展。目前国家层面有关社区治理的配套法律法规处于空白状态，全国人民代表大会仅出台了一部为保障刑事判决在社区执行的《中华人民共和国社区矫正法》，其余社区治理的法规散落在其他部门法之中，受限于立法资源、理论与实践研究不足，农村社区治理的立法工作尚未开展。从地方立法的角度来看，各地方人大对农村社区治理配套法规的重视程度较高，已出台了有关社区卫生服务、社区教育、社区治安、社区管理工作、社区人才队伍建设的地方行政法规，但有关社区民主协商、社区党建、社区产业发展、社区组织培育等方面的法律法规仍处于空白状态。

从调查数据来看，一半以上的受访者认为农村社区治理配套法规"不健全"，相当一部分受访者在农村社区治理问题原因中认为"配套法律不足"，而在访谈中，社区工作者普遍反映农村社区治理的各项工作开展大多依靠习惯或默契，并不存在明确的法律法规可供参考。因此总体来看，我国农村社区配套法律法规的供给存在严重不足，对社区内部各项工作的开展以及社区治理主体的合作都造成了困难，导致农村社区治理难以形成治理合力。

3. 社区治理软法与法律政策缺乏衔接

村规民约、社区公约等民间软法是农村社区重要的治理规则，具有灵活性、简易性、多样性的特点，可以根据实际情况和法律精神进行调整。将法律法规落到实处，这是构建农村社区治理秩序的重要依据。但当下农村社会日益开放、流动性增强，农村社区民间软法的约束力逐渐下降。此外，在农村空心化发展背景下，民间软法的制定缺乏村民参与，更多地依赖村委会等自治组织，与农民生产生活逐渐脱节，广大农村社区居民难以充分参与社区公约的制定和修改，因此对社区公约的认可度较低，更多地将其视为道德规范，并不认可其约束力。此外，目前国家法律法规对民间软法缺乏有效规制，实践中农村社区的村民公约极少体现国家的基层治理政策及乡村振兴战略，存在一定的滞后性，不利于有效引导社区居民行为。

（四）社区法律服务制度不健全

法律服务制度不健全一直是农村法治建设的一个难点，在农村社区法治化建设过程中，这个问题依旧存在而且呈显性化的趋势。显性化主要表现在：①农村矛盾纠纷复杂化。随着经济的发展，涉农纠纷从之前的家长里短开始拓展为宅基地权属纠纷、征地补偿纠纷、地役权纠纷、拖欠民工工资纠纷、工伤纠纷、交通事故纠纷、医疗纠纷、民间集资诈骗或者传销诈骗案等。这类官司法律关系复杂，诉讼主体不明，官司难打。②基层司法机构不健全，业务能力低。根据规定，现在我国村一级政法体系由司法所、公安派出所、法庭构成，农村法律服务事项主要是由律师和法律服务所的法律工作者提供的，但是结合我国农村法律服务现状可知，许多法律服务者的工作得不到重视，或者是因业务素质低逐渐被边缘化，有的乡镇甚至没有法律服务所提供法律服务，法律援助服务短缺。③法律服务人员素质较低。拿 A 证、业务能力强的律师多选择在经济发达地区执业，农村地区的律师，多数法律知识和实践经验缺乏，实战水平低。

村民发生法律纠纷，如果找不到专业的从业人员，就会在司法程序中处于弱势与被动的地位。没有健全的法律服务体制和专业的法律执业人员，在农村法律纠纷日益复杂化的今天，即使法律制度完备，也依然达不到法治的效果，反而会形成"有法难用"的局面。

（五）社区治理法律机制构建滞后

1. 社区治理协调联动机制尚未形成

共建共治共享是乡村振兴背景下农村基层治理的顶层设计，也是打造新的农村社会治理格局、实现社会善治的必由之路。农村社区是农村基层治理的最小单元，打造共建共治共享的社会治理格局，要在农村社区建立协调联动机制。目前农村社区协调联动机制建设还处于起步阶段，从调研结果来看，农村社区目前尚未建立专门的协调联动机构，在具体机制建设上，大多数农村社区仅建立了网格责任机制，因此总体上讲，农村社区的协调联动机制尚未形成，治理主体之间缺乏有效衔接，难以形成治理合力，未能形成多元共治的新型治理格局。

2. 社区治理重大风险防范、分担机制缺失

作为广大农民群体日常生活居住、生产发展的重要时空载体，农村社区是保护农民权益的重要组织体，承担着保护农民权益、培养社区组织、提供公共服务的重要功能。但同时由于农村社会的开放性、流动性增强，农村社区内部成员异质化显著，利益冲突尖锐，农村社区也是各种风险的频发地和聚集地。

农村社区与农民的日常生活密切相关，其社会风险具有传导性，并能通过有形和无形的方式向社区外部扩张、向社会治理上层延伸，引发更加严重的社会问题。从对湖北省、江苏省、湖南省、河南省等地农村社区的实地调研发现，农村社区在国家法律和政策的引导下依靠社区居委会等自治组织及基层行政人员组织的网格化管理模式，对农村社区的风险进行定期排查，但由于基层治理人员所掌

握的治理资源十分有限，在化解农村社区治理的重大风险时难免捉襟见肘，面对社区治安以及社区与外部群体的冲突等公共实践时仍难以有效处理。此外。由于法律缺乏规制，政策指引不明，农村社区治理的重大风险责任分担机制尚未建立，农村社区各个治理主体出于自身利益考量，往往对于一些重大社区治理问题采取回避态度，存在互相推诿责任的现象，极大地削弱了社区治理的权威，影响基层社会和谐与基层政权稳定，阻碍国家治理现代化目标的实现。

3.社区矛盾纠纷化解机制有待健全

农村社区化建设推行以来，农村社会原有的利益格局、利益分配机制被打破，由此衍生了农村多元复杂利益的不协调乃至冲突。当前农村社区矛盾纠纷在新的时代背景下呈现出类型多样化、主客体多元化、矛盾纠纷复杂化的新态势，从形成来看，农村社区矛盾纠纷由单一因素诱发逐渐转变为多重因素"发酵"；从内容来看，农村社区矛盾由内部矛盾发展为内部、外部矛盾共存；从特征来看，农村社区矛盾的公共性特征越发明显，难以依靠自身组织自行解决，必须依赖第三方力量介入进行化解；从具体形式上看，农村社区矛盾集中表现在土地流转、土地征用、生产经营、金融借贷、环境污染、社会治安、贫困扶助等多个方面，并具有诱发群体性事件的风险。

农村社区矛盾纠纷化解机制必须整合社区、行政、司法及专业机构的资源优势，汇集多方治理力量，形成专业化的调解队伍。但是通过对武汉市、宜昌市、黄冈市、苏州市、南京市、天长市、岳阳市等地的实地调研发现，农村社区矛盾纠纷化解主要是依靠基层政府和自治组织开展，忽视了社会组织、市场主体的作用，未能形成多方参与、有效衔接的化解机制，既不利于形成多元参与的治理体系，又不利于社区矛盾纠纷化解专业能力的提升。

二、农村社区法治建设存在问题的原因

（一）法治土壤先天不足

从基层上看出，中国社会是乡土性的。中国的法治土壤在这种社会环境的影响下，也具有很重的乡土性。这种乡土气与移民过来的"法治"有规则性是共生的，但更多的是现代法治嫁接不成功，水土不服。

法治和礼治的冲突导致现代法治在农村社会扎根困难重重。在民主法治出现之前或者法治并未成为主要治理模式之前，封建法度、道德礼俗、村规民约和宗教教条是村民主要的行为准则，这些规则的"重义务、轻权力；重内心遵守、轻

事后救济"的特征也使得当时社会的权利配置和利益分配机制不可能实现社会公平，其核心不是每个个体权利和义务的统一，不是为了实现每个人的自由而全面发展，这种规则是为了维护和加强封建大一统，往往是皇亲国戚和贵族官僚拥有绝对权利，普通大众拥有的则是义务，更不用说作为权利客体的奴隶和罪犯及其家属。后来封建社会解体，民主法治思想涌进农村，开始成为村民寻求权利义务统一、追求公平正义的思想指引，但是传统思想影响深厚，人情、面子、礼节在规范人们的行为时仍然具有很大的作用。相关学者在对《秋菊打官司》这部电影"说法事件"的评述中就分析得很透彻：在秋菊案中，那种正式的法律干预，尽管似乎更符合那种被认为是普适且客观的权力观和权利保护，似乎是"与国际接轨"，但它不仅没有令当事人满意，而且带来了更为严重的后果：损害了社区中原来存在的尽管有纠纷但能互助的社会关系，损害了社区中曾长期有效且在可预见的村民仍将依赖的、看不见的社会关系的网络。注重邻里互帮互助和亲族相亲相爱，依附于深厚的业缘关系和血缘关系的熟人社会，是催生不出以理性和利益为价值导向的现代法治的。

（二）立法资源严重不足

农村社区近年来受到党和国家的高度重视，国务院、民政部先后出台了多项支持农村社区治理的政策文件，但与之相对应的是我国农村社区治理法律法规却严重缺失，目前我国并未出台有关农村社区的单行法规，有关农村社区治理的地方性规章处于有效状态的也很有限，因此可以说我国农村社区治理立法存在空白。

国家立法层面的劣势使得农村社区治理过程中出现了诸多乱象，因此，加快立法，以法律制度规范农村社区治理成为时代的呼声。然而立法是严肃的国家行为，将对农村基层治理体系产生重要影响，我国农村社区受发展时间和空间的影响存在较大差异，立法必须总结实践经验，考虑多重因素。2017年民政部在全国范围内选取了48个城乡社区治理试验区，其中有17个试验区的主题与农村社区协商制度、公共服务供给制度、农村社区自治制度及社区治理法律机制有关，一方面反映出国家对农村社区治理的全方位考量，另一方面反映出当前国家对农村社区治理的经验总结还有待提升，制度思考尚不成熟。

此外，农村社区治理与农村经济制度、政治制度相互交织、密不可分，近年来农村土地制度、基本经营制度改革不断深入，势必会对农村社区产生深远影响。当前理论界对于农村社区治理与农村政治、经济制度的互动关系研究较为欠缺，未能提供充足的法理理论，农村社区治理的法理基础目前仍不充足，而立法要通过制度安排和规制程序，建立普遍适用的理性化的正式规制，从而规范社区治理主体的行为，协调社区主体之间的关系，并引导社会舆论、风俗习惯、内心信念，发挥正向价值，但是正式规则和非正式规制都是人们根据长期的实践经验构建与形成的，农村社区治理起步较晚，对于农村社区治理的主体关系及其制度安排，学术界、实务界仍存在分歧。

因此，总体来看，目前农村社区治理的立法资源严重不足，缺乏理论研究和实践的支持，只能放缓立法进程，为将来立法留下空间，这也就使得法律滞后于农村社区治理的现实发展。

（三）治理主体权力缺少制衡与协调

农村社区治理作为微观层面的社会治理，有协同治理的内在要求，经过多年实践，农村社区内部设有管委会、居委会、党组织、物业管理机构、业主委员会等，外部介入了基层政府、社会组织、政府部门驻区机构，总体来看，治理格局已呈现多元化的趋势。但是多元主体在农村社区治理实践中存在多种可能，既包括正向关系，也包括负向关系，如权力冲突、互相推诿责任等。农村社区治理应强调治理主体的整合，实现各参与治理主体的制衡与协同，以促进互相合作、彼此信任、相互督促。但是就现状来看，首先，农村社区治理主体受自身组织目标的影响，治理目标具有鲜明的侧重点，如物业管理机构重视盈利，社区党组织主要关注党建工作和党员教育，互相之间缺乏一致性，处于分散的状态；其次，各治理主体在参与过程中的协调性不足，主要表现为在涉及利益的公共事务中，各主体存在普遍参与不足和个别参与过度的情况，如社区公共服务供给在特殊群体中处于边缘地带，其个体利益诉求往往遭到忽视；再次，各主体的社区治理资源未能统筹规划、整合利用，如一些志愿服务、公益性社会组织长期闲置，未能充分利用；最后，治理主体之间存在着矛盾冲突，如在相关调研中发现社区业主委员会与物业管理机构往往存在较为尖锐的矛盾冲突，自治组织受基层政府影响形成的行政化工作作风遭到社区居民的疏远。上述问题表明农村社区治理主体权力缺少制衡与协调，多元主体在农村社区治理中处于总体分散、局部协作的状态，在治理实践中造成参与主体权力重合、交织，从而引发了一系列治理难题。

（四）缺乏程序性法律制度支撑

程序是专门为实现法律规定或赋予的各项权利而制定的一套行为规则、方法和步骤。在农村社区治理中，程序性制度不仅能有效制约各参与治理主体的权力，引导其合法行使治理权力，还能通过固定化的流程来有效保障农民的社区治理参与权、知情权和监督权，因此，程序性法律制度是农村社区治理各项实体制度有效实施的必要条件。然而我国法律具有"重实体、轻程序"的传统，在农村社区治理领域，制度设计也缺乏对于程序正义的考虑，如我国宪法和村民委员会组织法只对程序性法律制度做了原则性规定，其他法律、地方性条例也并未对程序性制度的具体构建做出明确规定。

从治理实践来看，目前农村社区中有关民主自治、民主协商、公共参与、监督反馈等内容的实体制度已经确立，但其程序性制度在农村社区治理的诸多方面却存在不足或有待改善。具体来说，首先，农村社区民主选举制度和选民登记制度范围过小，将社区非农人口、流动人口、外来人口排除在民主选举之外，降低了民主选举的参与度，削弱了其真实性；其次，社区民主协商制度缺乏议事主持人中立制度、重大议题公示制度和听证制度，并且存在协商议事方式过于单一、简化的问题，程序设置的漏洞使得社区民主协商流于形式，偏离了其本质目标；最后，企业、社会组织及居民参与农村社区治理的内容、途径、形式等程序性规定相对模糊，降低了农村社区的公共参与制度的实际效能。

综合来看，农村社区治理制度缺乏程序性制度的支撑，程序缺失增加了农村社区的治理制度运行的随意性，破坏了社区民主、社区协商、民主监督等活动的合法性和有效性，同时也给社区居民参与社区治理设置了障碍，降低了社区居民参与治理的热情和积极性，使得社区治理主体与居民之间的关系逐渐疏远，从而形成了社区治理与社区居民相脱节的治理困境。

（五）普法教育不到位

尽管农村普法工作已经开展了多年，但是由于农村地区经济发展水平较低、农民受传统思维影响较大、文化素质较低等原因，一些村民的法治意识和法律知识的水平还仅仅停留在感性认识上。遇到纠纷容易"对人不对事"，而不是"对事不对人"，不考虑以法律为依据分析各自的权利义务情况。不管是被家暴，还是由于父母疏忽造成孩子受伤甚至死亡，都被看作"家务事"，自己关上门私了，外界不能插手，丝毫意识不到其行为已经违法甚至构成犯罪。这些都是普法教育不到位的表现和产物。主要原因分析如下：

1.普法对象自身的问题

一是人口流动较大，流动人口是普法工作的难点。"空心村"频现，剩下的大多是留守老人和儿童，理解并消化法律知识对他们来说难度较大，因此普法效果差。二是农业生产季节性较强，农忙时节大家早出晚归，没有时间学习，农闲时节又会选择打短工或者以其他的方式创收，因此普法活动很不好组织。三是部分村民受教育程度低，文化素质水平不高，又受到传统思想影响较深，通常对法律的理解和运用不能满足实际的需要。

2. 普法队伍建设问题

一是经费有限，自从农村取消农业税和提留之后，村委经费都是自筹，没有费用的支持，普法教育活动的频率和质量都无法保证。二是普法队伍组成人员一般都是村司法所和村委会干部，由于农村司法行政工作繁杂琐碎，他们身兼数职分身乏术，再加上有的工作人员本身法治信仰不强烈，法律知识了解不深入，可能对普法内容都不了解就匆忙上阵给村民普法，效果可想而知。

3. 普法手段不能与时俱进

现阶段普法形式还是延续原来的机械普法的形式：挂横幅、发传单、出板报、贴标语等。这种形式不但机械，有应付差事之嫌，而且依靠村民主动学习，通常不能达到预期效果——有的村民不识字或者文化水平低，仅仅靠阅读宣传单上的几行字就能理解某方面的法律知识基本是不可能的。现阶段电视已经普及，村村通网络，已实现了基本覆盖，如果电视节目能够通过案例讲解的方式定期播放与村民生活贴近的法制栏目，公众号能够推送当地法制政策，就能够创新普法手段，取得更好的普法效果，增强村民的法治意识。

（六）缺乏系统化、制度化、机制化考量

农村社区是广大居民日常生活居住、生产发展的重要载体，同时也是各类风险和矛盾的频发地与聚集地，农村社区治理的难度较大、成本较高，治理方式具有独特性，因此农村社区治理要尽可能引入多方治理主体，形成多元化的治理格局，以降低治理成本。

农村社区治理不是一个竞争市场，更多的是强调加强治理主体之间的协作，以实现整体大于部分之和的效果。实现这一目标仅仅依靠制度、政策是不够的，需要对农村社区治理模式进行系统化、机制化考量，优化治理结构，形成多元共治的治理格局。现阶段，农村社区治理过度关注现实情况，针对问题解决问题，其主要表现：首先，过于重视公共服务供给，将大量财政补贴投入基础设施建设，期待满足社区农民的物质需求；其次，在治理模式选择上存在"路径依赖"，缺乏创新，表现为过于依赖过往的实践经验和借鉴成功的典型案例，造成农村社区

治理模式趋同化，忽视了农村社区自身的特点；最后，农村社区的相关机制更多是以自下而上的方式形成的，但自下而上的方式存在一定的滞后性，从调研结果来看，大部分农村社区治理机制建设都难以满足社区治理的现实需求，无法实现治理制度的良性运转。因此，农村社区治理应当从体系化视角切入，考虑解决当前的问题，防范风险，并完善治理机制，实现治理制度的有效运转，推动农村社区治理能力提高。

第六章 新时代城乡社区治理法治化建设路径

社区治理的科学化和系统化可以有效推动国家层面和社会层面的管理系统化,是一个国家平稳顺利发展的基石。由此可知,推进法治化社会的建设要从基层做起。积极探寻新时代城乡社区治理法治化的建设路径,保障社区治理的统一有序,不但可以有效保证当地民众的个人权利、促进社会的有序运行,而且能够为我国的法治化建设提供动力。

第一节 城乡社区治理法治化建设应遵循的基本原则

城乡社区治理法治化是一个持续性、系统性的工程,在这个过程中需要贯彻全局的原则来保证实施。以人民为中心、公平正义、程序法定既符合社区治理的要求,又符合依法治社的发展原则。

一、以人民为中心的原则

《中共中央关于全面推进依法治国若干重大问题的决定》指出:"人民是依法治国的主体和力量源泉。必须坚持法治建设为了人民、依靠人民、造福人民、保护人民,保障人民根本权益是进行各项事业的出发点和落脚点。"习近平总书记在党的二十大报告中提出前进道路上必须牢牢把握的五个重大原则,其中第三条就是"坚持以人民为中心的发展思想"。这充分体现了党的理想信念、性质宗旨、初心使命,也是对党的奋斗历程和实践经验的深刻总结。在新时代新征程上,我们要坚持以人民为中心的发展思想,着力解决好人民群众最关心最直接最现实的利益问题,让现代化建设成果更多更公平惠及全体人民,凝聚起全面建设社会主义现代化国家的磅礴力量。在实施依法治国的实践中,我们要重视人民群众的作用,要不断开拓公民参与立法的途径和渠道,广泛听取群众的意见和建议,了解群众之所需，立法要注重及时性和需求性，"急群众之所急"，提高立法活动的民主性和科学性；做到执法情况受人民监督，增加其公开度和透明度，发挥居民的监督作用。在司法活动中要激发群众的参与热情，建立法治参与的支持和反馈机制。这有助于保障人民当家作主的实现，也有助于增强党的执政基石。

马克思在《关于费尔巴哈的提纲》中曾说："人的本质不是单个人所固有的抽象物，在其现实性上，它是一切社会关系的总和。"作为社会个体存在的人，肯定会具有共同的社会属性。这是马克思对于共产主义中的"人当家作主"的设想，我国虽然没有实现共产主义但我们目前正处于社会主义初级阶段，在这个过程中我们依然是坚持人民当家作主的，所以在建设社区治理法治化时要坚持以人民为中心。我们在长期的社会发展过程中孕育了丰富的物质文明和精神文明，要通过治理理念的培养以及社区社会组织的服务来调动这些潜在的社会资源，将其转化为促进社会治理的法治力量。要保障社区居民参与的权利，创新社区治理参与途径与渠道，推动社区形成以居民为中心的治理体制。

二、公平正义的原则

马克思指出社会公平正义是社会管理的首要目标，也是未来社会的价值所在，逐步实现社会的公平正义，最终达到"各尽所能，按需分配"。社会保障体系的建立是维护社会公平正义的基础，建立权利公平、机会均等、程序公正的法治社会，保证社会各种利益关系得到协调。维护人民群众利益，促进社会公平正义，保持良好社会秩序需要建立完善的社会治理制度。

社区治理强调公平正义，社区治理属于社会治理中的一部分同时也涉及社区资源的调整和配置，这个过程必然要打破原有的利益配置格局，这一定会面临不同的利益矛盾，这就需要构建公平的社会利益分配机制和资源共享机制，协调各种社会矛盾关系，使发展成果更多更公平惠及社区居民，给予社区居民参与治理现代化的机会，并建设起点平等、机会平等、结果公正、活力健全的社区治理法治化体制。社区治理法治化建设保障了社区居民利益，践行了社会主义核心价值观，但也鼓励多元的思想价值，尊重思想的个性化和多样化属性。特别是要保障宪法确认的个人自由权利，承认合法合理的个性化追求，让公民和社会组织充满生机活力，使社会保持动态平衡稳定的状态，让社区治理法治化开出正义之花，结出公平之果。

全面依法治国的核心是实现公平正义。在法律面前人人平等体现着法律的公平正义，让每个人在生活和工作中感到公平正义是法律所追求的目标，法律对于每个个体是一视同仁、公正无私的。公平正义本身就是我国社会所追求的最为普遍的价值观，但公平正义却是一个抽象概念，扩展开来其中的内容包罗万象，通过制定法律法规把公平正义具体化是目前最为有效的途径，让法律发挥功能，将其具体化、条块化、可操作化、可借鉴化。重构社会公平正义评价体系需要法治发挥其作用，这样公民也可以通过法治的方式来维护自己的合法权益和实现公平正义。

推进全面依法治国是制约权力、打击行贿受贿等腐败行为的根本制约之道，是行使权力、制约权力、从严治吏的强有力保障。严格的法律司法体系必将对公权力的掌握者和执行者给予约束和威震，防止特权、私权的产生，有效保障社区公平正义的实现。

三、程序法定的原则

程序法定原则是诉讼法的基本原则之一，其主要包含两个方面的内容：一是在立法方面，法律诉讼程序应当在事前就规定好，也就是做到"有法可依"；二是在法律诉讼过程中要按照诉讼法律进行，就是"有法必依"。在全面依法治国背景下，社区治理法治化建设过程中应当严格执行和遵守法律，让社区各个治理主体都要明确违反法定程序所要承担的后果，确定制裁性原则措施。在社区治理法治化建设的各个环节都要依照法律、法规的规定行事。在社区治理法治化建设中坚持合法性优先，尊重宪法和社区治理法律所保障的社区居民的各项权利，即任何行政和社区治理活动必须以"法律为准绳"。

第二节　城市社区治理法治化建设的路径

一、促进社区治理规范的法治化

（一）健全社区治理法律体系

城市社区不但需要党和政府的顶层设计与政策法规的支持，更需要厘清不同部门之间的责任划分，细化各个部门的责任与权限。目前大部分社区都是"几套班子，一套人马"，在负责具体的事务时更容易造成混同，并且对于社区"两委"、社区工作站职能的界定、群众参与治理的权益、民主协商议事会等新型组织的法律地位与治理职责范围缺乏相应的法治保障。若要加强多元治理主体的治理责任的法治规范，应当在国家层面对社区进行统一的立法；在地方层面根据各地社区先进的治理经验，出台本地社区管理实施方案，实行精细化立法。

此外，法律的局限性表明，法律需要自治与德治来弥补，并且德治与自治同步，这也是社区治理法治化的应有之义。推进社区多元治理，在法律上赋予社区自治组织相应的地位，保障其法律权利；设立"负面清单"，明确各部门的职责权限与监督机制；促进城市社区内居民和谐相处，形成社会共同体意识，为居民参与社区共治提供法治保障。

（二）建立社区自治规范的备案审查机制

党的十八届四中全会提出应当加强备案审查制度建设，把所有规范性文件纳入备案审查范围内，维护法律的权威性与统一性。社区自治规范，或称为"软法"，如居民公约、管理规约等，是实现基层自治法治化之基础。然而，此类规范数量庞大，根据各社区自身需要制定，灵活性较高，进行事前审查并不现实。《法治社会建设实施纲要（2020—2025年）》将"居民公约"列为"社会规范建设"的范畴，居民公约实际属于社会规范范畴。根据《城市居民委员会组织法》第十五条规定，居民公约应当到不设区的市、市辖区的人民政府或它的派出机构备案。居民公约有专门规定，但其他"软法"性质的社会规范并不等于规范性文件。规范性文件是以文字表达的规范，文字化表达是其与社会规范最大的区别，对此，若社会规范已成文，具备规范性文件所具有的特点后，则应当纳入备案审查范围内。社区内的除"规定动作"居民公约外，还应完善其他自治性软法规范。

二、提升多元主体共治的法治能力

（一）真正树立现代法治理念

要实现社区治理法治化，必须树立现代法治理念，在社区治理法治化转型的过程中，公权力机关和相关工作人员必须摈弃以往的强制独断思维，必须信仰法律和法治，将法律作为内心信仰、自觉接受并施行的社会规范，在某些群众自治领域应当适当退出和让步，不能借社区治理工作来强行运用公权力渗透进群众自治领域，损害群众享有的自治权利。

1.牢固树立控权保民的法治理念

我们发现一些地区将依法管控思维和措施阐释得头头是道，民众权利的尊重和保护却被无视，甚至把明显的侵权行为当成经验介绍。这其实是一种法治民不治官的落后、片面的观念，因此借由社区治理法治化的契机，国家机关及其工作人员应当恪尽职守，牢记"法无授权不可为"的基本原则，牢固树立"为人民服务"的根本宗旨，自觉接受人民群众的监督。现实中一些地区借着社区治理工作损害公民合法权益的倾向应当消除，应当进一步转变工作作风，改进工作的方式和方法，将社区治理法治化的工作重心转移到对公权力的治理、制约和监督上来，保障人民群众合法权益，牢固树立控权保民的法治理念。

2. 巩固"以人民为中心"的法治理念

政府应真正坚持和巩固"以人民为中心"的法治理念，进一步倡导由管控主导意识转变为服务主导意识，进一步强化认同、尊重基层社会自治地位和功能的意识，明确治理工作的目标不应当仅仅局限于社会稳定，还要提供更加符合人民群众需求的社会公共服务。为此，政府不应再把社会组织和公民视为治理对象，而是使之成为共同参与治理的主体，是不可替代的社会自治的主体，是政府服务和保障的社会主体，必须突出更加人性化的服务理念，才能真正把社会管理与公共服务有机结合起来。这种社会治理追求的是动态平衡或动态稳定的秩序，这是高度流动性的现代社会治理所需要的价值理念。因为对于城市社区治理而言，关键是主体的变化，要求社会组织、企业组织、公民个体等不同主体的介入与合作。各主体之间要以平等的地位、通过协商互动来形成社会治理的整体合力，在合作过程中充分发挥各主体的优势。只有政府主体和社会主体各就其位，权力和责任分工明确，共同参与和合作，政府的社会管理职能向社会治理转变才能到位。关键的问题是，政府要彻底转变以往由上至下的行政化管理模式，将"以人民为中心"的法治理念落实到社区医疗卫生、教育事业、公共服务、便民生活等方面，充分调动各个参与主体的积极性，持续提升服务水平与服务质量，满足社区居民的合理合法诉求。

（二）明确社区治理主体的法律地位

在国家法律中，进一步完善社区治理主体间法律关系的有关规定。现有法律对参与社区治理的多方主体间的法律关系规定不明确，在制度运行过程中，还有很大的摇摆空间。根据宪法规定，社区居委会与基层政权的关系由法律规定，但是相关法律中并没有明确规定两者之间的关系。在双方的权利义务规定中，我们能从双方互负的义务以及享有的权利可以推断出两者之间是平等协作关系，但是针对基层政权对社区居委会的指导权（或称指导义务）却可能有不同的解读，如解读为领导与被领导的关系，随之而来的另一个问题是，如果双方是领导与被领导的关系，那么行政机关内部的组织规范是否同样适用于居委会？

因此，相关法律应该明确治理主体之间的关系问题，这样一来，就能明确主体间是否受同一体系的组织法的规范等法律规范适用问题。另外，在一些需要进行解释、界定的概念面前，若不进行规定会留有很大的操作空间，容易引发政社合作中的寻租行为，如对社会服务的界定，影响着基于社会服务产生的合作关系的法律性质，对于这一类概念要予以明确，需要根据实践中的情况灵活决定的，也要制定相应的程序性规定。

（三）转变政府工作方式

政府应转变治理意识，在"三治"结合的框架下重新拟定参与社区治理的策略，将政府职能发挥得恰到好处。一方面，通过设立"负面清单"对政府权限划定明确界限，限制政府权力扩张；另一方面，对于参与社区治理的多元主体，包括居民、居委会、社会组织、社区单位企业、业主委员会、物业公司等，政府应当尊重其作为社区自治主体的地位，尊重自治的内在发展规律，减少对于自治主体的过度干预，为自治主体参与社区事务治理建立良好的沟通与参与平台，善于运用民主协商模式为自治主体参与社区自治提供更有效的路径，激发主体的参与积极性，促使社区共识的形成。

三、建立健全社区法律服务和监督机制

枫桥在多年的治理实践中总结出的"立足基层组织，整合力量资源，就地化解矛盾，保障民生民安"的"枫桥经验"，对于我国目前推进基层依法治理具有非常重要的借鉴意义。我国城市社区治理法治化处于完善阶段，需要解决的难题多样化，而基层法治资源匮乏，要提升社区治理法治化程度，需要整合社会资源，做好以下三个方面的工作。

（一）完善法律服务体系

首先，按照社区对法律的不同需求层次，为社区设立不同的法律服务体系，在经济发展水平高或企业居多的社区，可以设置专门的人民调解机构或根据《劳动人事争议仲裁组织规则》第十二条之规定，在企业密集、争议案件多发的街道设立派驻仲裁庭、流动仲裁庭或巡回仲裁庭，还可以根据社区实际需求与具体情况考虑是否设立公证处；其次，在法律服务需求度不高的社区，政府可以采用购买服务的方式向社区提供人民调解服务，也可以鼓励具有法律背景的高校教师或学生成为志愿者，为社区居民提供简单的法律咨询服务。更重要的是，为社区居民建立灵活的运用多种法律资源解决纠纷的渠道，使社区居民在遇见法律纠纷时能够及时向法律专业人士寻求帮助。

（二）建立协调联动调解机制

"就地解决"纠纷最主要、最直接的手段是调解，通过建立协调联动的矛盾纠纷多元化解机制，可以实现由单一调解向多元化解调解的转型升级。在进行社区居民纠纷调解时，可使律师、法官、法律工作人员等都参与其中，形成多方主体调解联动。如上海市普陀区人民法院建立的"诉调对接中心"，将法官派到基层开展工作，与基层人民调解组织共同化解社区矛盾；还可以由社区设立专门渠道，纠纷当事人可以直接向司法局工作人员寻求帮助……

上述主体都有其固定的身份与工作，且工作量大、工作任务繁重，并不能长期驻扎基层社区，在"互联网＋"时代，搭建网络交流平台，提供网上调解服务不失为一项有效举措。例如，社区的党群服务中心可以与政府和司法所合作，由政府出资在社区范围内投放便民服务一体机，社区居民可将纠纷矛盾通过一体机向司法所反馈，司法所收到诉求后应尽快回复社区居民。社区调解工作也可以采取此形式，若纠纷双方都具有调解的意愿，可通过网络的形式向司法所提交请求，由司法所派遣工作人员或指派调解员、律师到社区就双方的纠纷进行调解。此举有利于将纠纷化解在基层，矛盾不上交。

（三）完善社区治理监督机制

我国的监督体系包括四个方面，即党内监督、民主监督、法律监督、舆论监督。社区治理法治监督也应当包含这四个方面，并且应针对政府公共服务职能的性质、特点，在立法监督、行政监督和司法监督方面完善对政府公共服务职能进行监督的机制，将对政府在社区治理中履行公共服务职能的监督落到实处。

1.党内监督：对党群服务中心进行监督

在推进社区治理法治化建设的过程中，应坚持党的领导，发挥党的统领作用，在完善社区治理监督机制中也应当如此。党内监督是指党员或各级党组织依照党内法规或国家法规，对其他党员或其他党组织的监督。在社区治理中，基层党组织即党群服务中心承担着重要任务，如果其不作为或不依法作为，对社区治理法治化建设会造成不良影响。因此，社区中的党员居民应当积极行使自己的监督权，对党群服务中心的行为进行监督。

2.公众监督：对社区治理情况进行监督

舆论监督的实质是公众监督，是完善社区治理监督机制的重要方式。社区属于基层，而基层民众是社区的主要组成部分，置身于社区治理之中，亲身经历或者目睹着治理情况，对社区治理的监督具有当仁不让的话语权。具体来讲，可借鉴深圳经验成立社区工作评议会，邀请社区居民参与其中，以居民满意度和社情民意知晓度为评议导向，对社区治理主体的履职情况、重大事项的决策执行情况等进行评议监督。

3.国家机关内部监督：对国家机关工作人员治理行为进行监督

除了党员和社区居民应当在社区治理监督机制中发挥作用外，同级人大和上级部门及监察机关也应当对从事社区治理的工作部门和行政人员进行监督。监督权是人大的四项基本权利之一，作为权力机关，应当对政府的行政行为进行监督，包括具体行政行为和抽象行政行为。上级部门同样如此。2018年通过的《中华人民共和国监察法》，制定目的是推进国家治理体系和治理能力现代化，且第十一条规定，监察委具有监督、调查、处置的职责，在社区治理监督机制中，监察委应当充分发挥其独特作用，对职务违法和职务犯罪行为进行处理。

正如习近平总书记在党的十九届中央纪委四次全会上强调的，基层纪委监察组织必须坚持定位向基层监察聚焦、责任向基层监督压实、力量向基层监督倾斜，把监督触角落实到基层、直抵实处，社区治理法治化建设中的监督也应当聚焦基层，更应当将监督落实到基层。

四、充分发挥社区的法治功能

（一）完善社区法治队伍建设

一是探索建立具有特色的社区法治专员制度。政府通过购买服务的方式，引入法律服务中心的专业社会组织，作为社区法治专员服务团队，从事社区法治一线工作。围绕社区治理课题和社区居民法律服务需求，为社区居民提供菜单式、个性化法律服务；组建社区法治工作专家后援团，及时帮助解决指导员在具体工作中遇到的疑难问题；建立社区评价制度，综合运用居委会满意度测评、征求街道相关部门意见、群众问卷调查等方式开展考核，将结果作为法治专员下一年度留任及与社会组织续签服务合同的主要依据。引进法律服务组织参与社区治理，不仅推进了共治与法治，也提升了社会治理专业化水准，推动了社区法治队伍发展壮大。

二是建立社区法律顾问和法律培训制度，每年定期开展社区行政执法能力培训，努力用法治思维和法治方式推进行政管理活动。在社区普遍建立法官工作室、群众说事室、诉前调解室等工作点和在线法庭等互联网工作机制，使人民法庭由单一的工作点变成网络化的工作面，为多方联动促进社区治理搭建完备的工作平台。

三是建立便民化、智能化司法援助服务队伍。运用科技手段，推动法律援助效率的提升和社区法治水平的提高。基层政府可以积极探索使用微信小程序，通过"解纷直通车"这样的小程序，让社区干部、执法人员在工作中遇到难于处理的矛盾纠纷时，可以直接向网上"驻点"的法律顾问进行咨询，这样可以有效快速地将矛盾解决在萌芽状态。借助互联网的优势，使法律服务在基层社区得以真正不断地扩展延伸。

目前，国家在制度层面前所未有地重视法治建设，全面依法治国实践不断推进，国家治理体系和治理能力现代化建设给新时代社区治理法治化建设提供了强有力的理论制度支撑。只有在制度的基础上结合实践不断探索社区治理法治化的有效途径，才能为全面推进国家治理体系法治化提供鲜活的基层经验。

（二）充分调动各方力量积极参与

社区治理除了要有完善的体制机制外，还必须有各个社会组织成员的积极配合，才能发挥其应有的作用。

首先，推动社区执法权力和权力的下沉，将社区所拥有的执法力量与资源整合起来，形成一个一体化的、全面的行政执法组织。以街道为单位进行行政管理，加强对辖区的统一领导和统筹，并逐渐形成一股综合管理执法的合力。

其次，要不断提升社区工作人员的法律素养，增强他们的服务意识。在依法治国的基础上，强化法治建设，具体来讲，可以通过举办社会工作恳谈会、青年社工论坛等方式，发掘社会能人的积极性，使其投身于社区治理，不断扩大社区工作人才队伍，提升社区工作者的法律意识和服务水平。

再次，还可以探索建立社会组织、社会工作者的"挂职"制度，既可以吸纳社会优秀工作人才，也可以通过社会组织对社区的了解，建立专业社会工作服务人员的流动渠道。

最后，要调动社区居民的积极性，为社区居民的参与创造良好的互动环境。居民是社区的所有者和最主要的组成成员，为了实现社区的自治，必须使其在法律的范围内进行生活、居住、生产、经营以及规范自身的活动，并要依法参加社区治理。例如，社区可以加强民主决策、民主管理、民主监督等制度的构建，从而提升社区治理的合法性和合理性，从而促进其对社区的认同和归属。

（三）加大对社区治理的资源投入

社区所需要的资源不仅仅包括政策、物质、技术、资金、人力等，还包括文化、法律资源。社区可以根据自身状况来选择资源类型与输送方式，提供资源的对象也并不一定是公权力机关，可以是社区内的任何组织或个人。为了整合来源不同、类型不同的各类资源，促进资源的高效置换，便亟须建立平台、规则与程序。

就目前而言，法律资源在很多社区都很缺乏。然而，提高社区居民法律素养，培育社区居民法治信仰和法治意识，才能使居民在面对矛盾纠纷时主动寻求法律帮助，愿意接受及认同社区调解组织的调解，能在法治框架内及时化解纠纷，防止矛盾扩大。同时，居民法治意识的提高可以提升居民自治的规范性。虽然很多社区认识到了法律资源的缺乏，但并未引起足够重视，也不善于通过社区居民个人、社区自治组织、社区关联户单位、居委会、街道办事处等为法律资源的输入建立通道。这实际仍然体现了社区在资源获取方面的统筹协调能力较差。

另外，社区应当加大法治文化宣传力度，将法治宣传与社区内部的文化、道德观念结合起来，把社会主义核心价值观融入其中，促进社区内的良性互动，消除社区内居民的交流交往障碍，从而加大社区内部的心理认同，完善"法治、德治、自治"相结合的治理体系。

五、健全社区治理多元治理方式体系

《中共中央国务院关于加强和完善城乡社区治理的意见》中指出要"充分发挥自治章程、村规民约、居民公约在城乡社区治理中的积极作用，弘扬公序良俗，促进法治、德治、自治有机融合"。这些举措表明党中央和政府对于法治、德治、自治"三治"融合治理的重视。

一是要发挥法治在城市社区治理中的保障作用。城市相对于农村来说，其经济、社会、文化更发达，在治理方面具有更为健全的法律体系和法律监督机制。城市市民的法律意识相对农村村民来说较强。这体现为，城市市民相对于农村村民更加习惯于通过法律方式来处理问题、解决纠纷。当前，我国城市社区居民的法治意识、法治思维还有提高的空间，如有的城市社区成员在面对社区土地纠纷、拆迁矛盾、社区安全、小区停车管理、社区物资回收、循环使用和环境污染等问题时，基于维权成本以及社会风气等复杂因素的考量，并不总是寻求符合法治要求的正式渠道来解决。这些问题从侧面反映出，在城市社区治理中，更加需要依据公共规则进行规范治理，更加需要发挥法治的保障作用。关于社区治理法治化的实现，具体来说，在国家层面，要坚持党组织依法执政、政府依法行政；在私人层面，社区市场主体要依法经营；在社会层面，社区社会组织要依法管理，依法开展活动；在个体层面，要促进居民守法，使整个社区内的法治精神、法律尊严、法律权威得到彰显。

二是要彰显德治在城市社区治理中的引领价值。德治思想在我国的历史文化传统中源远流长。东方文明的一个基点就是崇尚以德服人，反对以力服人，强调包容性，使不同群体能和平共处。东方文明的这种经验教训可以为世界形成新的和平秩序提供一条值得思考的启示。法律是保持"彬彬有礼"或社会安宁的一个重要支柱。城市法治化治理下的社区，也必然是每位居民都"彬彬有礼"的社区。在城市社区治理过程中，道德是居民心中以整体方式存在的普遍性规范和约束。这种"心中之法"是一种柔性约束，为城市社区治理提供更具基础性的支撑。德治注重培养社区成员的道德素质和道德修养，有利于从源头上防范社区矛盾，促进社区的和谐。例如，倡导社区良好家风、家训，就是社区德治的重要内容。通过注重家庭、注重家教、注重家风，使家庭成为社区发展、社区进步、社区和谐的重要基础，从而促进实现社区善治的目标，建构以美好生活为取向的现代都市生活。

三是要明确自治在城市社区治理中的基础地位。"大抵其地方自治之力愈厚者，则其国基愈巩固，而国民愈文明"。[①]我国在保证国家统一的前提下，要多注意地方政治的改进。社区自我组织和管理，是维持社区和谐稳定、正常秩序的自动调节机制。自治是社区治理的核心目标。社区自治本质上是社区居民对社区公共事务的自我管理，其自治主体是社区居委会、社区民间团体等组织。这些组织本质上属于非政府组织，其治理行为属于非政府行为，同时是社区民主的重要实现形式。社区自治目标的实现要求党组织、政府、社区组织与居民对社区公共领域进行协同治理，倡导社区治理主体间的相互协作。在居民自愿参与的基础上，社区自治可以激发社区居民的内生动力，保证社区公共利益最大化，确保实现社区居民的自治权。

社区自治包括社区的自我管理、自我服务、自我教育、自我监督等方面。在自我管理方面，社区居委会、社区社会组织、社区内企业事业单位、社会成员（居民、流动人员）、其他社会组织依法对社区本身进行管理约束，依法制定或约定社区公约，依法形成社区自治议事程序及机构机制；在自我服务方面，社区自治组织自我发动居民群众，相互帮助，也可通过购买第三方服务的机制，使社区社会组织参与社区服务工作；在自我教育方面，社区自身通过开放式的沟通协调模

---

① 梁启超.梁启超全集［M］.北京：北京出版社，1999:430.

式，为解决社区治理难题达成合法合理的方案。这种自我协商、自我教育的过程对于基层社区民主的自我生成、自我成长具有重要的价值；在自我监督方面，城市社区成员参与社区事务治理的过程同时也是对社区治理监督的过程，并且为社区治理自身的合法性提供了重要的支撑，有利于社区治理合理性的提高，从而推动社区治理中国家、市场、社会三者之间的良性互动。

第三节　农村社区治理法治化建设的路径

一、增强农村社区居民参与度与法律意识

（一）增强农村社区居民参与度

增强社区居民参与度是增强社区居民参与社区事务管理的程度，是实现基层民主协商和基层自治的重要条件。农村社区是一个组织平台，其建设、运行和发展终归要依赖于社区居民的参与，归根究底，社区居民才是农村社区法治建设最重要的参与者和最有力的效果保证者，社区居民的参与程度反映了农村社区法治建设的活力程度，社区居民的参与效果决定了农村社区法治建设的效果。

首先要强化居民的身份认同感。简单来说，居民的身份认同感就是居民基于共同的发展目标和利害关系，对社区的建设的原则问题和重大事项能够形成共同的评价，并且认识到社区发展状况关乎自身价值的实现。强化居民的身份认同感，要让居民意识到自身才是社区建设的实际推动者，从而让居民看到自身的参与对于推动社区法治化的重要性。其次要提供便利有效的参与方式。农村社区是居民参与社区法治建设的平台，引导居民参与社区法治建设需要提供诸如普法宣传办公室等活动场所，安排具体的普法活动等活动形式，让每个居民根据自身的利益需求选择参加合适的法治建设活动。

任何组织的良好运行都离不开制度化的规范，社区法治建设是社会制度建设的重要组成部分，在科学立法、严格执法、公正司法的大前提下，社区居民需强化法治思维，严格遵守法律，积极参与社区法治建设，群策群力，真正发挥居民在社区法治建设中的执行者的作用。

（二）增强农村社区居民的法治意识

增强居民的法治意识，学会用法治思维思考问题，用法律规范评价和约束行为，是我国农村社区法治建设的重要内容。反过来，拥有较高法治意识和法律素

养的居民，对于推进农村社区法治建设又具有积极的作用。一般来讲，通过以下方法可以增强公民的法治意识。

首先，要加强外部法治条件的建设。意识是第二位的，其形成和发展有赖于当时的政治、经济及社会环境，基层党政组织要注重对居民法治意识的培养，要创造适宜法治意识形成和发展的社会环境。

一是要加强法治精神教育活动。社会主义法治理念是我国法治建设的目标和价值的终极体现，也是精神文明建设的重要组成部分。在经济环境和民主建设进程都取得一定成效的基础上，推行法治精神教育活动，有利于居民更深入理解我国农村法治建设的目的。

二是深入开展法治宣传教育活动。通过实地调查研究农村社区居民的法治现状和法治需求，获得第一手资料，然后组建法律素养高、业务能力强的普法队伍，不断创新和改进普法方式，充分利用现代科技对于法治宣传的积极作用，通过案例分析、就案说法等形式让居民熟悉相关法律的文本规定和实践方式，让居民深入了解法治的运行方式和法治效果实现的可能性，推动居民法治意识的树立。

三是国家要不断发展和完善社会主义法治理念和政策法规，保证法治的运行能够有一个良好的社会环境，符合居民对法治的期待。通过科学立法、严格执法、公正司法来推动全民守法，努力创设知法、守法、用法的农村社区法治环境。

其次，要让居民自身认识到增强法治意识的重要性，自觉学习法律知识，培养法治思维，增强法治意识。

一是要主动领会法治精神。法治的实现在于居民的信仰，只有广大群众发自内心认可法治的优越性，崇尚法治的权威性，法治才能够替代道德和其他非国家法，成为居民心目中首要的行为指引准则和行为评价准则。理性思维的指引比感性情感的指引更具有稳定性和可期待性，法治精神的领会有助于法治思维的培养，有助于法治优越性的发挥。

二是要认识到自身在法治建设中的主体地位。民众作为法治的主体应该去守法、去维护法律的尊严，而不应该作为法治的对象被普法、被法治教育，没有主体身份参与依法治国，法治在农村社会就没有生命力。社会主义法治建设是为民谋福祉，农村社区法治建设更是为了实现每个人的自由民主的权利。因此，主动参与法的制定、实施和遵守，不但维护了自身权益，也在为法治建设做出了贡献。

三是要注重法治思维的培养和用法方式的科学。充分认识到法的存在是为了规范社会秩序、实现社会正义、保护人民利益，因此每位社会成员都要依法行事，不管是指引自己的行为，还是评价他人的行为，都要依据法律的标准，不断深入研究法律规定，熟悉法律程序和实践方法，相信立法、执法和司法能够维护自己的权益，用法治思维化解矛盾纠纷，实现自己的利益诉求。

二、明确农村社区治理主体的法律地位与权力

（一）确立党组织在农村社区治理中的最高法律地位

农村社区基层党组织实际上应当在农村社区治理中拥有最高法律地位，这是党执政地位在基层治理中的必然要求。但是目前党在农村工作中的领导地位主要体现在《中国共产党农村工作条例》《中国共产党农村基层工作条例》等党内法规规定中，而国家法律中，如《村民委员会组织法》并未对农村基层党组织的法律地位做出较为权威、明确的规定。实践中由于农村社区党组织和自治组织所受到的规范不同，在治理过程中经常发生摩擦和冲突。基于此，农村社区通常采用"村两委一肩挑"模式，但是这一模式容易导致权力过于集中、权力缺乏监，会损害群众利益，并且会削弱党组织的权威，不能巩固党组织的领导地位。

因此，建议对《村民委员会组织法》进行修改，在第一章中明确村党委与村委会的领导与被领导关系，在第二章中对村党委的职权做出具体规定，在第五章中强化村党委对村委会的监督、指导责任，以保障农村社区党组织对治理工作的全面领导。

此外，2021年4月29日全国人民代表大会常务委员会通过的《中华人民共和国乡村振兴促进法》第四十一条中规定："建立健全党委领导、政府负责、民主协商、社会协同、公众参与、法治保障、科技支撑的现代乡村治理体制。"尽管在一定程度上为确立村党组织的领导地位提供了保障，但将自治组织与其他治理主体相混同，不利于理清党组织与其他治理主体的关系，建议后续增加一条"发挥党组织在农村基层的领导作用，乡镇、村的自治组织及各类组织和各项工作应当接受乡镇党委和村党组织的全面领导"，以突出党组织的绝对领导地位。

（二）明确村民会议是农村社区村民自治的最高决策机构

村民会议拥有村民自治中的最高法定权力，同时也是广大村民参与民主、行使自治权最直接的方式，在学界有学者将其称为农村的"小议会"或"小人大"。《村民委员会组织法》第二十四条规定："村民会议可以授权村民代表会议讨论决定前款规定的事项。"于实际上赋予了村民代表会议与村民会议相同的法定权力，模糊了村民会议与村民代表会议的法律关系和地位，但村民代表会议

的权力来自村民会议授权，这一做法与法理相违背，也不利于农民有效行使自治权。

因此，应当在《村民委员会组织法》中明确村民会议在农村社区自治中的决策权力，建议将第二十四条修改为"村民会议可以授权村民会议讨论决定部分前款规定的事项"，以体现村民会议与村民代表会议的区别。此外，根据《村民委员会组织法》第二十三条"村民会议审议村民委员会的年度工作报告"的规定，村民会议应当至少一年召开一次，从而保障村民会议作用的有效发挥，可以参考《宪法》第六十一条的规定，采取定时与临时相结合的方法召开村民会议，建议将《村民委员会组织法》第二十一条修改为"村民会议每年举行一次，由村民委员会召集。有十分之一以上的村民或者三分之一以上的村民代表提议，可以召集临时村民会议。召集村民会议，应当提前十天通知村民。"另外，为确保村民会议法定权力的完整性与纯洁性，《村民委员会组织法》应当在第四章中明确规定不能以村民代表、村组织等干部大会或村民代表会议来代行村民会议职权，以保证农村社区村民会议的最高决策权力。

（三）规范乡镇政府在农村社区的职权范围

尽管《村民委员会组织法》第五条规定"乡、民族乡、镇的人民政府对村民委员会的工作给予指导、支持和帮助，但是不得干预依法属于村民自治范围内的事项。"但随着农村社区发展，自治组织不可避免地要承担社区中的部分行政、公共服务工作，当前乡镇政府在农村社区建设、公共服务供给等方面具有不可替代的作用，并逐渐在与农村社区的合作中将行政权力渗透到了农村社区的行政工作之中，为此农村社区要理顺政府与其他治理主体之间的关系。就农村社区发展的现实而言，将乡镇政府排除在农村社区治理之外并不现实，也不利于农村社区的建设与发展。因此，应当适度限制行政权在农村社区的行使范围，但同时又要避免出现行政权与自治权混淆、混为一体，这就需要明确基层政府在农村社区治理中的权力边界。因此，建议出台"农村社区发展条例"，围绕农村社区治理规定基层政府在农村社区建设、服务、管理方面的职权；此外，各地政府要出台配套的实施细则，明确政府在农村社区治理中的法律责任、权力行使范围与方式，将基层政府在农村社区中的权力限制在一定范围之内。

（四）赋予农村社区社会组织法定治理权

目前，社会组织参与农村社区治理并未得到国家法律的认可，相关的支撑性制度、保障性制度处于缺失状态。但是社会组织具有公共性、草根性、组织性、自治性的特征，能够降低农村社区内部成员利益认同、利益整合的制度性成本，促进农村社区协商、互动、共治，是农村社区治理结构中的重要自治主体。因此，农村社区形成多元协同共治的治理格局，应当赋予农村社区社会组织适当的治理权。实现这一目标，应当加快社会组织管理立法，出台《社会组织法》，针对社会组织发展、管理建立统一、协调的专门法律，以回应农村社区的发展需求。此外，要在农村社区建立社会组织资格准入制度、登记备案制度、监督管理制度以及激励和退出制度，为社会组织参与农村社区治理提供完备的法律规范和操作依据。另外，各地方政府要及时出台地方性法律法规，调整基层政府与农村社区社会组织的互动关系，在农村社区形成"政府—社区—农村社会组织—农民"的纵向治理结构。

三、加强构建具有农村社区特色的法律体系

现阶段，关于农村社区建设的专门法律规范较少，《宪法》《村民委员会组织法》的存在只是基本解决了农村社区建设无法可依的问题。为了适应农村社区发展需求，实现依法治国基本方略在农村扎根的现实需要，应该加强构建具有农村社区特色的法律体系。

具有农村社区特色的法律体系应该由以下几部分构成：

①《宪法》中关于农村社区的规定；

②《村民委员会组织法》中关于农村社区建设的原则性规定，《城市居民委员会组织法》中关于社区建设的共性问题的规定；

③专门的农村社区建设的地方性法规、规章、单行法规；

④其他部门法中关于农村社区建设的法律规范；

⑤不具备国家强制力的非国家法：自治章程、村规民约、村民会议和村民代表会议的决议和决定、团体章程等。

（一）修改《村民委员会组织法》

《村民委员会组织法》是我国农村社区法治建设的基本参照法，在农村社区试点和推广时期曾经发挥过积极的作用。但是随着农村社会现状的改变以及法治要求的提高，已经不能完全满足农村社区法治建设的现实需要，应该尽快修改《村民委员会组织法》。

首先，要遵循基本法的修改程序。《村民委员会组织法》是依据《宪法》制定的，其产生和修改都有严格的法律程序规定。根据《中华人民共和国立法法》

的规定，首先由人大代表提出修改议案，再由专门委员会进行审议，之后交付表决，如果全体代表过半数通过，国家主席签主席令即可予以公布。《村民委员会组织法》是保障基层民主自治，由村民自己处理自己事务的法律，其修改也要遵循修改程序，这是国家强制力的体现。

其次，修改内容要明确。根据当时的立法现状，《村民委员会组织法》的立法目的主要是推进以村民委员会为主体的村民自治，现在情况发生了变化，农村社区这一新概念的提出要求《村民委员会组织法》将农村社区的基本内涵添加进来，作为一种全新的村民自治的平台，农村社区需要得到正式法律的承认和保护。因此，可在《村民委员会组织法》中另辟新章，增设农村社区，对农村社区做总纲性规定，从基本法的角度和立场对农村社区加以肯定。

（二）制定"社区组织法"

农村社区是城市治理特色向农村迁移的结果，是促进城乡一体化的有力的制度建设，农村社区和城市社区虽然在实践状况和取得成效方面均有所不同，但是二者只是因为地域因素而做的分类。因此，制定专门的农村社区建设法规，并不需要将农村社区特殊化，只需要制定一部"社区组织法"，再将农村社区单独成章，结合我国农村发展特色，进行集中规定即可。

首先，要遵循基本立法要求。随着社会主义法律体系的基本形成和社会主义法治理念的基本完善，我国的法治建设内涵对我国的立法工作提出了新的要求。过去的以立法为本的工作思路开始转变为注重法的实施，尤其注重科学立法、严格执法和公正司法，对公权力的限制和对公民基本权利的保护是我国现行立法的重点。此外，过去强调法是统治意志的表达，是国家强制力保证实施的观点也有所改观，现在开始注重将法律内化，强调法治精神、法治理念和法治思维的加强，因此"社区组织法"的制定也要符合上述规定，在遵循《宪法》规定和《宪法》精神的前提下，注重对人民意志的表达和村民利益的保障，制定真正能发挥实效而不是躺在纸上的法律。

其次，遵循制定程序。基本法的制定和修改都有严格的程序规定，也要通过提出议案、审议议案、表决议案、通过议案的程序，然后国家主席签署主席令，才能在规定的时间里进入实施程序，发挥效用。

最后，制定内容要明确。农村社区从萌芽到发展再到现在全国推行，其组成、运行和职能在一定程度上已经得到了确认。因此，"社区组织法"制定的主要内容就是社区的组成和职责、选举、社区代表大会、民主管理和民主监督等。不过需要注意两点：一是要把农村社会中各种必须依靠法律调整的社会关系尽可能详尽地纳入"社区组织法"之中，二是要做到配套。

（三）鼓励地方根据实际立法

根据我国的政府权力构成特点，地方人民代表大会及其常委会是具有立法权的，省、自治区、直辖市和较大的市的人大和常委会可以根据本辖区发展的需要，制定与宪法、法律和行政法规不相抵触的地方性法规。但是根据地方现状来看，地方立法的优势并没有完全发挥，目的也没有全然实现。法律的创设总是要晚于法律现象的发生，农村社区的立法是建立在对农村社区发展现状、取得实效、存在问题等具有非常清晰的认识的基础上的。农村社区和村委会一样，是一种自下而上的探索，自上而下的立法模式必然没有自下而上的立法模式效果好，因此鼓励地方根据地方发展实际立法，可以推动我国农村社区法治建设的进程。

首先，要形成科学的立法规划。针对地方立法规划，提出了一个新观点：根据本地区政治、经济体制改革和建立社会主义市场经济体制的需要，在科学预测的基础上，提出立法项目。不能为了立法而立法，要在实地调研本辖区农村社区法治现实和法治需要的基础上，对农村社区的社会关系进行彻底的梳理、分析和研究，在符合客观实际的基础上编制科学的立法规划。

其次，要严格遵循立法规范，除了常规的要遵循提案、审议、表决的立法程序，还要注意作为地方人大及其常委会，不能超权限立法，不能与全国人民代表大会的立法权限发生纠纷，还要处理好地方法律与宪法、法律、行政法规等上位法的关系，不能违背宪法和法律精神，同时还要和其他的配套法律保持步调一致。

最后，立法内容一定要紧扣当地农村社区建设的实际情况。围绕本辖区农村社区的发展现状，坚持科学立法和民主立法的有机统一，坚持"立、改、废"的有机统一，坚持特色强、可操作、实效强的有机统一。社区的组成、权责、权力机构、管理制度、监督方式等内容与当地的经济发展、劳动就业、社会保障、医疗卫生、治安防控息息相关。因此，要严肃有序合法地开展地方人大及其常委会关于农村社区的立法工作，促进当地法治建设的完备，维护法治的统一性和可操作性。

四、推进公共法律服务的体系建设

（一）优化公共法律服务的设施建设

"工欲善其事，必先利其器"，通过优化农村社区公共法律服务基础设施，创造良好的咨询、阅读、学习环境，为村民提供更优质、更高效、更便捷的公共法律服务，对于推进农村公共法律服务体系建设、提高农村法治程度具有重大意义。因此，各农村社区应深入推进公共法律服务窗口和法律顾问办公室建设、合理设置法律阅览室或宣传栏等，以满足社区居民多领域、多样化的法律服务需求，具体优化措施如下：

第一，完善公共法律服务窗口和法律顾问办公室设置。农村公共法律咨询窗口和法律顾问办公室直接面对社区全体村民，是村干部和社区居民寻求法律咨询、得到法律帮助最方便的途径，也是完善农村公共法律服务体系、推进农村社区法治建设重要的一环。目前，虽然农村社区法律咨询窗口和法律咨询室设置率大幅提高，但由于经济条件等限制，很多社区并未按上级要求设置独立的公共法律服务窗口和法律顾问办公室，办公条件简陋、拥挤问题明显，还有部分社区只是疲于应付上级检查，在办公地点挂牌却无人值班。因此，进一步规范农村社区法律咨询室的设置十分有必要。农村社区公共法律服务实体平台应根据社区现实条件，可依托于法律援助中心、村委等办公地点合理设置独立的公共法律服务中心或法律顾问办公室，通过组织专业律师、基层法律服务工作者等法律专业人员担任法律顾问，为提高社区法治化发展提供切实的帮助。

第二，设置法律宣传站点、法律阅览室等，为基层群众学习法律知识搭建便捷的平台。社区工作人员应根据农村社区居住密度，每隔一段距离就合理地设置一个公共法律服务宣传栏，派发法律援助、人民调解、安置帮教、法治宣传、公证业务等方面的法治宣传手册，方便群众就近取阅学习。有条件的社区还可网格化设置法律阅览室，为阅览室配齐书架、桌椅，甚至电脑等阅览室必备硬件设施。同时根据村民在实际生产、生活中经常遇到的法律问题，充实阅览室的书刊存量。如重点配置《常用法律知识100问（农村版）》《农村土地承包法》以及有关禁黄、禁赌、禁毒、反邪教等书籍，延伸基层普法宣传的范围，将普法阵地建在群众身边。

（二）畅通公共法律服务的供给渠道

面对农村社区公共法律服务资源较少的现实困境，畅通公共法律服务的供给渠道将有效缓解公共法律服务资源短缺的问题，而畅通公共法律服务的供给渠道还需做到"不拘一格""多管齐下"，才能不断缓解公共法律服务资源匮乏的问题。因此，需要做到以下几点。

一是畅通城乡间公共法律服务资源流动渠道。受城乡间经济社会发展水平制约，我国公共法律资源呈现城市多、农村少的格局。面对农村琐碎复杂的事务和纠纷，公共法律服务者往往心有余而力不足。因此畅通城乡间的公共法律服务资源，让更多的法律工作者走向农村，将极大地缓解农村法律资源匮乏的问题。因此，针对公共法律服务资源短缺的乡村，当地政府应牵头组织，推行结队对口帮扶机制。定期派驻城市公共法律服务专业人员下乡进行法律服务交流工作，分享法律手册，以提高农村社区工作人员的业务能力；同时安排固定坐班时间，为村民解决法律相关问题。面对对口帮扶的乡村公共法律服务专业人员少、法律咨询事项多的情况，还可以设置"互联网律所"，通过远程视频的方式实时帮助解决农村社区未解决的法律服务事项等。

二是畅通网络渠道和热线渠道。各地应根据实际需要，开发相应的软件或网页，如广西的"桂法通"、云南的"云南掌上12348"等。利用网络平台整合全市、全省乃至全国的法律服务资源，让能够熟练使用智能手机或者电脑的村民直接在显示器上输入自己的法律疑惑，即可在线与各地律师连线提出法律问题，以得到线上律师的专业解答。同时，每个公共法律服务点要保持"7×24小时"全天候热线畅通，打通公共法律服务渠道"最后一公里"，在工作人员下班时间或休假期间，安排人员值班，保证能够及时解答"12348"法律服务热线上群众的法律咨询，最大限度地满足村民用法需求。

同时，积极推动公共法律服务实体平台、热线平台、网络平台融合升级发展，打通平台间的联合提供公共法律服务的壁垒，保证公共法律求助的有效性。如社区村民通过拨打12348热线申请法律援助，对于简单的法律咨询，值班律师应及时给予解答。对于较为复杂的问题，可由值班律师线上记录群众需求，当即生成工单，通过网络平台流转到相应的实体平台，基层法律援助机构根据工单指派专业人员为来电村民提供相应的法律援助。

（三）整合分散的公共法律服务资源

将社区内分散的知法、懂法的人员动员起来，培养一支在群众身边的普法宣传或依法治理的工作队伍，让他们参加到农村公共法律服务建设工作中去，为群众提供公益性、均等性、普惠性、便利性的公共法律服务，将有效缓解农村公共法律服务资源匮乏的问题，从而进一步提升广大村民对公共法律服务的满意度。

首先，积极招募社区中的"法律明白人"。社区中村民文化程度普遍不高，对很多法律知识、政策吃不透、拎不清，遇事容易冲动，甚至突破法律底线。但在农村社区中也不乏"法律明白人"，他们有些是退休的法务工作人员、退休的律师，有些是退休的法律专业教师，有的仅仅是法律爱好者。这些"法律明白人"有扎根基层、人熟、地熟、事熟的优势，充分动员起这部分村民的力量，将其招募在一起，让他们走进公共法律服务咨询室、走进需要法律援助的村民的家中，甚至可以开设农村法律讲堂，进行法治宣传，一起为建设法治乡村贡献力量，将极大地缓解农村社区公共法律服务资源不足的困境，对提升农村法治程度起到积极作用。例如，2022年3月11日《南方日报》称，广东省梅州市兴宁市径南镇陂蓬村当前加快推进土地流转，正开展撂荒耕地复耕复种。但有10户村民不同意。他们长期在外工作生活，又想保留自家土地的使用权，迟迟不愿签字，恰逢春节，村民返乡，法律明白人陈冬英瞄准其中一户影响力较大的村民，趁着入户拜年的机会，与一家老小拉家常、讲政策、说道理，并引用法律条文。最终，该户村民同意签字，并带动了其他9户完成了土地流转工作。

其次，充分利用好社区中的学生资源。农村社区中不乏有一些正在上学的法学专业的大学生或者对法律知识很感兴趣的学生。可以利用寒暑假时间，邀请他们志愿加入公共法律服务队伍，根据他们对法律的熟知程度，让他们各司其职、人尽其才。同时，还可为其提供实习机会，并欢迎他们邀请同学前来实习，这样既为他们提供实习锻炼的机会，又为补充农村社区公共法律服务资源添砖加瓦，缓解了农村公共法律资源匮乏的问题。

五、完善农村社区治理的法律机制

（一）健全农村社区治理主体的协调联动机制

农村社区治理过程中存在多元化治理主体，多个治理主体之间普遍存在着权力分割、协调不力、沟通不畅、反应迟滞等问题。农村社区要实现多元共治，必须建立功能齐全、运行高效、指挥有力的协调联动机制，以形成治理合力。实现这一目标要从多个角度入手。

一是要建立信息沟通反馈机制。运用互联网信息技术建立社区信息交流平台，打破农村社区信息传递障碍，实现治理主体之间的互通互联。

二是要建立联合工作机制，制定农村社区联合治理的工作流程，明确农村社区治理工作中的先后顺序与衔接关系，保证各个治理主体有序参与，避免出现程序跳跃或程序倒流。此外，要推进综合管理，形成分工明确、专业化、常态化的联合工作小组，提升治理主体的配合默契度。

三是建立应急管理机制，在农村社区治理的突发性事件中形成"一核多元、融合共治"的应急管理网络，充分发挥基层政府、社区自治组织、居民、社会组织在危机治理中的作用，构建协作互补的治理网络，实现治理主体的良性互动。

（二）强化农村社区治理的风险防范与分担机制

当前我国农村社会还处于转型的关键时期，利益均衡机制尚未形成，重大利益关系面临重要调整，极易引发重大社会问题，给农村社区的稳定带来隐患。因此，当前农村社区必须提高风险应对能力，应当在农村社区内部建立政府、社区、专业队伍相互配合的风险防范与分担机制。

具体来说，首先要形成多方主体协同参与、系统高效的风险预警防范机制，由政府、自治组织、司法机关派出机构等主体联合形成农村社区突发性公共事件快速应对处置机制，形成村庄、社区、街道、县区、省市、中央的层层信息上报机制，并提前制定预警工作方案，对各种公共危机做好预判，以提高应急能力。其次要在农村社区形成责任风险共担机制，涉及重大公共事项由农村社区治理主体集体决策、集体承担责任，以提高农村社区治理主体的责任意识，促进治理主体互动，形成合力。

（三）建立以保障农民利益为核心的利益机制

农村社会矛盾的根源在于在经济发展过程中社会增量利益与存量利益分配不均衡，由此引发了诸多利益主体的争议及纠纷。实现农村社区治理法治化最有效的途径是整合形成代表各方权益的利益表达机制，增强对农村社区多元主体利益诉求的保护。具体来说，应当从以下几个方面入手。

一是整合利益代表与表达机制，提高农村社区居民的参与度。发挥农村社区党组织、社区自治组织、社区社会组织、群团组织的作用，表达社区村民的利益诉求，培育农民群体的组织性与积极性，降低农民个体利益认同、利益聚合、利益整合的制度性成本并最终形成组织化的利益表达机制，充分反馈农民群体的利益诉求。

二是改善利益产生与利益分配机制，实现利益供给公民。基层政府要加大转移支付力度，增加对农村社区的财政补贴，改变农民群体在利益分配中的弱势地位，为农民、农村、农业提供源源不断的增量利益。

三是要进一步推行利益分配机制改革，通过制度设计建立保护农民权益的、公平的利益分配体系，建立社会化组织的利益协调机制，建立农村社区利益共享机制，让社区成员共享农村发展成果。

四是要进一步完善利益分配机制改革，通过制度设计建立保护农民权益的、公平的利益分配体系，改变农村社区在利益分配中的弱势地位，为农村社区、农民及农业发展提供源源不断的增量利益，促进农村社区和谐有序发展。

五是要探寻农村社会转型过程中新的利益平衡点，在利益协同机制的作用下协调好农村社区各利益主体之间的关系，打造合作共赢的发展格局，实现社区利益和谐。

（四）探索"自治、德治、法治"相结合的矛盾纠纷化解机制

农村社区在市场化冲击下将进一步分化，矛盾纠纷将逐渐由暗变明、越发突出，并蕴含着新的治理危机。由于利益分配规则体系不合理，在利益处理过程中经常会引起因利益分配而产生的社区矛盾纠纷，这就需要建立多元化的社区矛盾纠纷化解机制，充分发挥自治、德治、法治的优势及作用，推动多方力量参与社区矛盾纠纷的治理。

第一，要大力培育农村社区社会组织，以多类型、广覆盖的农村社会组织带动群众参与社区治理，以达到人民内部的矛盾人民内部解决的效果。另外，着力发展农村社区民主政治，保障民主自治充分反映农村社区治理中各方主体的利益诉求，有效化解利益争端，促进社区健康发展。

第二，农村社区是由传统的村庄合并而来的，社区内部仍然保留着传统农村社会治理中的宗族、血缘的亲近关系，因此要重视培育农村社区内部的文化与公共精神，加强村规民约、道德立法等民间软法在矛盾纠纷调解中的作用，发挥道德的协调、约束、凝聚功能，为农村社区矛盾纠纷化解营造良好的文化与环境氛围。

第三，要加强法治保障，通过完善农村社区纠纷解决的相关法律制度来厘清农村社区矛盾纠纷化解机制中行政部门、司法部门、社区组织的职责边界，规范农村社区矛盾纠纷化解程序，努力让农村社区各类纠纷在司法中得到公平、公正和合理的解决。

具体来讲，可以从以下几个方面着手推动农村社区纠纷解决相关法律制度的完善与优化。

其一，完善多元解纷方式衔接的诉讼法律制度。在多元纠纷解决机制形成之前，每种纠纷解决方式都有自己解决纠纷的优势，但各方式之间缺乏有效衔接时，这种优势的作用将难以发挥到最大。多元纠纷方式之间的衔接在大的方面可以分为三个方面的衔接：一是解纷主体的衔接，解纷方式的衔接从另一种层面来讲是解纷主体之间的衔接，相关主体需要加强协作以便于不同纠纷解决方式之间实现承接；二是效力的衔接，如人民调解中的调解协议效力通过司法确认来实现，有给付内容的和解协议也可以向公证机关办理公证文书；三是途径的衔接，主要是指诉讼方式和非诉方式之间的衔接。多元解纷方式的衔接还需要具体规则进行完善。

①优先选择程序和告知程序的完善。在传统的诉讼法中有很多告知程序的体现，如《中华人民共和国行政处罚法》中特定的行政处罚应当告知当事人可以要求听证，在多元解纷方式中，相关主体应当在当事人有多元纠纷解决途径时提供选择，并引导当事人选择非诉方式，告知程序应当作为一项法定义务。优先选择程序是指当一个纠纷可以适用多个纠纷解决方式时，引导当事人优先选择调解等解决方式。

②诉讼与调解的制度衔接。诉讼与调解的衔接应当在诉前阶段就开始，在诉讼服务中心或者矛盾纠纷调解中心应当设置专人对纠纷进行甄别，将不适宜诉讼的案件直接甄别出来。案件立案后应当采取分流速裁制度，案件在进入纠纷解决平台后发现不适宜调解或者调解不成的，根据纠纷特点由办案人员导入速裁程序，或者可以进入督促程序，经过以上流程仍未解决的再进行诉讼。调解协议的司法确认也是诉讼与调解衔接的重要部分，随着纠纷的增加和倡导非诉方式解决纠纷，调解协议的司法确认也迅速增多，因此建立司法确认的审查制度十分有必要，有利于筛查虚假调解，防范矛盾纠纷深化的风险。

③仲裁与诉讼的制度衔接。仲裁的纠纷解决方式相较于调解和诉讼来说应用地较少，但仲裁与诉讼的衔接也十分重要，仲裁具有纠纷解决时间短、当事人合意性强、便捷等特点。因此，法院应该及时对仲裁的保全做出受理。

其二，完善多主体协调联动的调解法律制度。大调解的工作机制对基层矛盾纠纷化解和解决具有重要意义，并且大调解的工作机制是未来一段时间纠纷解决工作的重要趋势。目前，大调解机制在全国各地不断取得实践治理成效，但大调解机制仍存在许多问题，如目前大调解机制主要依靠国家政策，缺乏统一的制度供给，因此要推动完善"大调解"法律制度供给。

①加强人民调解、行政调解、司法调解的衔接。三大调解共同构成了"大调解"机制的重要基础部分，其共同特征是纠纷解决的效率高、当事人合意程度高，构建"人民调解、行政调解、司法调解"的"大调解"工作机制是促进矛盾纠纷化解的重要手段，因此完善三种调解方式的协调联动是重点工作内容。

首先，加强人民调解和司法调解的衔接。应当在法院设置调解工作指导中心，针对人民调解和司法调解的实践中遇到的问题给予指导，将广大的人民调解组织与司法调解组织衔接起来，发挥调解的最大作用，如优化人民调解和司法调解的程序、加强调解依据的制定、完善调解协议的司法确认问题等。在纠纷解决过程中，部分民事案件在进入诉讼程序之前都会进行调解，因此，应当注意诉前的调解衔接、诉中的调解衔接以及督促程序的衔接等。不仅如此，案件在进入司法程序后，人民调解组织也应当积极配合法院司法调解的步调，最大化促进纠纷的调解解决。其次，人民调解、司法调解与行政调解的衔接也不容忽视，虽然目前没有关于行政调解的明确的法律制度规定，但行政机关应当设置专门的工作部门对调解工作进行保障和支持，并且及时进行宣传。行政调解应当按照属事管理的原则，由相应的纠纷管理职责部门管理相应的纠纷。行政调解协议的效力应当及时确认，此外，行政机关对于调解不成的应当及时引导当事人寻求司法途径救济，避免矛盾深化。

②完善调解主体的多元构成。《中华人民共和国人民调解法》是调解法律制度运行的主要依据之一，《中华人民共和国人民调解法》第八条、第九条、第十三条及第十四条对人民调解委员会的主体进行了一定的规定，人民调解委员会主要由村民代表会议进行推选，人民调解员由公道正派、热心调解工作的成年公民担任。那么在新型农村社区调解委员会的成员组成上，应当注重增加多元化主体参与人民调解工作，选举与聘任相结合，并且在法律制度上对多元化主体进行法律地位的确认以及对多元化主体调解工作的基本保障做出明确规定。例如，在人民调解员构成方面可以注重退休法官、退休司法行政工作人员的返聘以及新乡贤、有威望的社区能人、社区调解员的参与。在现有的法律制度中，没有对这些多元主体的法律主体地位进行明确，仅在政策上进行支持、鼓励与引导，不利于农村社区的调解法律制度发展。

此外，在《中华人民共和国人民调解法》中对人民调解员的保障远远不够，应当适时修订《中华人民共和国人民调解法》，加强人民调解员管理机制，建立调解员资格评定和登记认证制度。对于人民调解员仅给予适当的误工补贴，对因调解工作致伤致残的，仅提供必要的医疗、生活救助，这样的法律保障无法激励人民调解员对调解工作的积极性，应当明确对人民调解的保障，激励人民调解员的工作积极性。

③设立先行调解的调解前置程序。立案登记制改革之后，基层法院面临案件数量增加、司法资源紧张的局面，在案件较多的法院常常会碰到一个案件的开庭要排队时长达三四个月，一些基层法院实行将先行调解与案件分流结合起来，如在法院张贴公告"目前法院未结案件较多，如需尽快解决可进行诉前调解"。这在无形中暗示纠纷双方当事人进行先行调解，而在某种意义上来说，实际是调解前置的基层经验。

随着农村社区的发展以及人们的法律意识日渐增强，纠纷解决的需求也在逐渐增强，人们对通过司法途径追求纠纷解决更为推崇。在现有的先行调解制度下，前提是纠纷双方当事人达成合意愿意进行调解，这就是先行调解的困境——合意难以达成。基于多种因素的考量，双方自愿进行调解的数量总是不多，若寄希望于纠纷双方的合意则会降低纠纷解决的效率。出于多元化解决纠纷的重要考量，应先进行调解，调解不成再进行诉讼，这并不是干涉当事人的选择而是提高纠纷解决的效率，很多案件在调解的过程中会达到比诉讼更好的解决效果，特别是在农村社区的环境下。先行调解也有利于培养调解组织人员的素质，有利于树立调解途径的公信力和口碑。因此，可以规定除当事人明确表示反对进行调解之外，诉前先行调解可以进行。在现有的法律制度上可将《中华人民共和国民事诉讼法》中第一百二十二条修改为"当事人起诉到人民法院的民事纠纷，应当先行调解，当事人明确表示拒绝的除外"，虽然只是在先行调解前增加"应当"两个字，但却是对调解程序前置的程序设置，有利于案件在诉前调解解决。

六、强化法治实践宣传教育作用

目前，农村居民的法治观念和法治素养都比较薄弱。当村民的正当权利受到侵害时，有的村民为了避免引起不必要的纠纷，往往会采取"私了"或者"忍让"的方式；有的则是贪得无厌、手段过激；有的村民因为不懂法律，甚至不知道自己的利益被侵犯了。对于此种情况，我们应采取积极有效的方式推动社区法治化建设，增强农村社区居民的法治观念。

第一，要积极推进法治宣传教育。可以通过举办法治讲座等形式强化农村居民的法治意识。

　　第二，拓展村民参与法治实践的形式。实践出真理，只有参与相关的普法实践活动，村民们才能真正体会到法律的正义、法律的权威、法律的生命力。一方面，通过让村民参观法治教育基地，旁听基层法院的审判，让他们通过亲身经历，体会到法律的严肃性和至高无上，从而提高他们对法治的依赖与畏惧；另一方面，通过参与制定村规民约、选举"两委"、解决村集体重大问题、解决村内部矛盾纠纷等程序，提高村民的法治意识、使村民树立法治思维。

参考文献

［1］陈光.法治社会与社区治理多元规范［M］.北京：中国社会科学出版社，2021.

［2］陈辉.社区治理［M］.南京：南京师范大学出版社，2020.

［3］陈立孔.大数据环境下城市智慧社区治理机制研究［J］.环渤海经济瞭望，2022（03）：10-12.

［4］陈友华，邵文君.分类与分权：社会变迁视野下的社区治理重构［J］.东南学术，2023（01）：126-136.

［5］陈跃，余练.社会主要矛盾转化与基层社会治理创新探析［J］.理论探索，2020（04）：81-90.

［6］杜炳呈.社工视角下城市社区治理法制化策略研究［J］.法制博览，2021（29）：147-148.

［7］方舟.法治化视角下城市社区治理：作用、问题与完善路径[J].法制与社会，2021（15）：118-119.

［8］冯莉.中国城市社区治理型态的现代转型（1949—2019）［M］.上海：上海社会科学院出版社，2021.

［9］龚维斌.加强和创新基层社会治理［J］.理论导报，2020（09）：7-9.

［10］顾泽楠.社区三治融合治理过程中自治、法治、德治的组合方式探究［J］.法制与经济，2020（06）：34-35.

［11］郭小建.社区治理［M］.成都：西南交通大学出版社，2018.

［12］郭祎.社会管理创新的路径选择［J］.哈尔滨市委党校学报，2012（04）：69-73.

［13］何绍辉.新时代城市社区治理研究：背景、环境与基础［J］.山东行政学院学报，2021（05）：79-87.

［14］胡业勋.城市社区治理法治化的理论偏误及体系改进：以C市Q区的实践为分析样本［J］.中国行政管理，2020（03）：150-152.

［15］李皋. 基层治理七十年［M］. 北京：中国民主法制出版社，2019.

［16］李辉. 完善城市社区治理机制的现实思考［J］. 西部学刊，2021（15）：24-26.

［17］李龙江. 新时代社区多元化治理途径研究［M］. 北京：企业管理出版社，2021.

［18］刘恒，徐武. 基层治理法治化与法律风险管理［M］. 北京：中国法制出版社，2018.

［19］刘婷. 农村社区治理的困境和解决路径探讨［J］. 黑龙江粮食，2021，217（06）：69-70.

［20］刘正全. 从社区治理走向社区共同治理的法治化路径［J］. 河北青年管理干部学院学报，2021，33（02）：55-60.

［21］马珂. 城乡统筹背景下的基层民主治理：基于成都市的调查［J］. 人民论坛，2011（17）：44-45.

［22］史云贵. 当前我国城市社区治理的现状、问题与若干思考［J］. 上海行政学院学报，2013，14（02）：88-97.

［23］孙柏瑛. 开放性、社会建构与基层政府社会治理创新［J］. 行政科学论坛，2014，1（04）：10-15.

［24］王迪. 城市基层社会的数字化治理［J］. 湖北行政学院学报，2011（02）：46-50.

［25］魏健馨，赵淼. 社区治理法治化的推进路径［J］. 沈阳工业大学学报（社会科学版），2020，13（03）：193-199.

［26］夏芸芸. 城市社区治理法治体系建构研究［J］. 学习与实践，2018（12）：74-81.

［27］夏周青. 基层社会治理存在的问题和解决思路［J］. 中国党政干部论坛，2015（12）：94-95.

［28］熊文瑾. 新时代中国城市社区治理研究综述［J］. 中国井冈山干部学院学报，2022，15（04）：138-144.

［29］徐睿. 成都城乡社区治理法治化的实践及深化路径研究［J］. 成都行政学院学报，2017（04）：84-88.

［30］余倩. 城市社区治理法治化：背景、要义及其困境超越［J］. 荆楚学刊，2021，22（01）：91-96.

［31］原珂.城市社区治理理论与实践［M］.北京：中国建筑工业出版社，2020.

［32］张蓓蓓，宋海峰.新时代社区治理法治化建设的思考［J］.合肥学院学报（综合版），2020，37（01）：30-35.

［33］张彩华.社区治理法治化建设面临的困境及对策建议［J］.新西部，2022（11）：143-145.

［34］张何鑫，张锐智.中日社区治理法制化特点比较研究［J］.日本研究，2021（04）：71-78.

［35］张静.全面依法治国背景下社区治理法治化研究［D］.成都：西南石油大学，2017.

［36］张盛华.城市社区治理的理论思考与实践探索［J］.黑龙江人力资源和社会保障，2022（06）：4-6.

［37］朱未易.法治中国背景下地方法治建设的实践探索［J］.地方立法研究，2021，6（03）：69-94.

［38］庄西真.社区治理与社区教育［M］.苏州：苏州大学出版社，2016.